あなたの部屋はもっとおしゃれにできる

インテリアがあか抜ける
飾り方のルール 30

30 Rules of Interior Decoration

トーソー出版

部屋を飾ることは
暮らしを豊かにすること

――――――――

お気に入りのオブジェを棚に置く。
とっておきのアートを壁に掛ける。
季節の花を花瓶に生けて窓際に。
部屋を飾ると、あなたの「好き」がはっきりとした輪郭を描き、
暮らしを豊かに彩ってくれます。

その「好き」を、飾り方次第でもっと輝かせることができたなら。
何を組み合わせて、どのように飾るのか、その方法が分かれば
今以上に居心地のよい空間になるはずです。

素敵な空間をつくるプロのインテリアスタイリストたちが
普段、感覚で行っている「何を組み合わせて、どのように飾るか」も
実はきちんと説明できる法則――ルールに則っています。
本書はそうしたインテリアデコレーションのルールの中から
自宅でも取り入れやすい30をピックアップして、
美しいコーディネート写真とともに解説したものです。

ルールの中には今あるものでできる簡単なものから
ちょっとだけ頑張る必要があるものまでそろっています。
どこから始めるかは自由だし、自分なりにアレンジしても大丈夫。
デコレーションに行き詰まったときや迷ったときに
30のルールの中で気になったものから試してみてください。
あなたの「好き」がもっと輝いて見える部屋ができますように。

Chapter / **1**

おしゃれなあの人はどう飾っている?

インフルエンサーの "マイルール"

Chapter / **2**

あなたの部屋をもっとおしゃれにする

飾り方のルール30

本書内の写真キャプションには、会社名やブランド名を記しているものと、[ ]内に
アルファベットを記したものがあります。出典元はP126〜127をご参照ください。

P6〜31撮影：小林久井

1

おしゃれなあの人はどう飾っている？

インフルエンサーの "マイルール"

SNSでも評判のインフルエンサーたちのインテリアを拝見。
ものの選び方や置き方など、おしゃれな空間をつくる
飾り方の "マイルール" を教えてもらいました。

Case/ **1**

プロのテクニックが生きた
「好き」があふれる空間

小林夕里子さん／
ideeビジュアルマーチャンダイザー

立体的なデコレーションで
空間に奥行きをプラス

長いアームのセルジュ・ムールのウォールランプが目を引く小林邸のリビング。壁に掛けたポスターやタペストリーと前後差をつけて配置し、空間に奥行きをもたらしています。白と木を基調としたナチュラルな雰囲気を、照明や時計、ラダーなどに配した黒で引き締めて。

My Rule

1 目線の高さを意識して飾る

2 主役を決めてつないでいく

3 素材や時代をミックスさせるが、
　色のトーンはそろえる

人の目を引き付ける「主役」を決めて舞台を整える

　小林夕里子さんは、インテリアショップのイデーでディスプレイなどを監修するVMD（ビジュアルマーチャンダイザー）。日々センスのよいインテリアや雑貨に触れているだけあって、自宅もたくさんのアートやオブジェで彩られています。5年ほど前に中古マンションをリノベーションした住まいは約50㎡と、夫婦二人暮らしにしては比較的コンパクト。その中で飾るものが多くても雑多に見えないのは、効果的な飾り方を熟知したうえで実践しているからでしょう。

　「ショップディスプレイでもそうですが、目線の高さを意識して飾ることを心がけています。重要なのが壁です。立っていても座ってもパッと目に入りますから」

　そう話す小林さん。やはりウォールデコレーションは雰囲気のよいインテリアづくりに欠かせないようです。

　「リノベーションの際、『壁を飾ること』を第一に間取りを考えました。3つに分かれていたLDKを一つのスペースにまとめて、リビングとダイニング、キッチンそれぞれの壁が一望できるように。釘が打てるように下地も入れています」

　一点豪華主義ではなく、「主役」を決めて周囲にほかのアイテムを散りばめていくのが小林さんの飾り方です。たとえばダイニングの壁の主役は、コラージュ作家・井上陽子さんのアート作品。これを目線の高さに掛けて、アートのブルーや白と色をリンクさせたアイテムを壁や下の棚に配置。色数を抑えることで、点数が多くてもまとまって見えます。

　「色やトーンをそろえるとまとめやすいですね。ただ『全部同じ感じ』にはならないように気をつけています。色は同じでも新しいものと古いものを混ぜたり、素材も木ばかりにせず金属など硬いテクスチャーを入れて引き締めたり」

　ミックススタイルの手法に加え、壁と棚のディスプレイを組み合わせるなど立体的に彩られた空間は、まさにおしゃれなショップのよう。それでいて、おしゃれすぎて落ち着かないなんてこともありません。それは、とぼけた表情の器やオブジェを取り入れたり、器屋に勤めている旦那さまのコレクションを一緒に飾ったり、本来ディスプレイ用ではない道具を活用したりと小林さんの個性が感じられるから。自分が本当に好きなものと仕事で培ったディスプレイのテクニック、両方が生きてこその居心地のよい素敵な空間です。

Profile

こばやし・ゆりこ／インテリアショップ「イデー」の副店長を経てVMDに就任。全国のイデーショップのディスプレイの指導に携わるほか、社内のVMD講師も務める。著書に『暮らしを愉しむお片づけ』（すばる舎）。Instagram：@yuricook

一番見せたいアートを
椅子に座った際の
目線の高さに配置

目線の高さを意識して飾るという小林さん。「主役」のコラージュアートを、ダイニングチェアに座った際にちょうど目に入るように配置。アートの色を拾った水色や白のオブジェ、器などを周囲にあしらい、まとまりのあるデコレーションに。おとぼけ顔の器で抜け感をプラス。器の左のガラスのオブジェ、右の白い一輪挿しが旦那さまのコレクション。

丸めたペーパーを
コートフックに通して飾る

くるりと丸めたフライヤーをHAYのリング式
のコートフックに通したユニークなデコレーシ
ョン。小林邸ではアートに限らずさまざまな立
体物が楽しく壁を彩っています。おじさんの顔
や天使のオブジェもユーモラス。

色や種類ごとに
まとめてすっきり

作業する場所にも
デコレーションで癒やしを

デザインのよいツールを
飾りながら収納

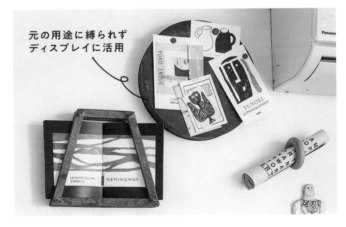

元の用途に縛られず
ディスプレイに活用

左上／ソファ横のシェルフは、上段に白いもの、中段に箱や小物入れ、下段にデザイン書と、色や種類ごとにまとめてすっきり見せています。空間の引き締め役となっているブラックのアイアンラダーにも、アートブックやバナーを掛けてディスプレイ。　右上／リビングとゆるやかに仕切られたワークスペースもさりげなく飾り、作業時もほっと一息つけるように。　左下／キッチンの壁にはマガジンラックを取り付けて、ツールを飾りながら収納。「リビングダイニングから丸見えということもあり、道具もデザインのよいものを選ぶようにしています」(小林さん)。　右下／本来デコレーション用ではない道具類も積極的に活用。カード類を留めた円形のボードは用途不明の日本の古道具、本をディスプレイしているのは昔のテニスラケットのホルダー。

味のある民芸品が映える
シンプルな内装

横溝さんが妻の由美さん、猫のレミくん、ホシ
ガメのホシくんとともに暮らす家のダイニン
グ。白い壁と天井、オーク材のフローリングと
いうシンプルな内装に、世界各国から集められ
た民芸品やヴィンテージが映えています。

物語をもつものが
居心地よく並ぶ白い箱

横溝賢史さん/
BEAMS勤務

20TH
CENTURY
WOMEN

高低差をつけて
リズミカルに飾る

コーナーを照らして
空間に奥行きを出す

世界各国の「味わい」をメリハリをつけて飾る

閑静な住宅街にたたずむヴィンテージマンション。セレクトショップのビームスに勤務する横溝賢史さんは、リノベーションを経て5年前から妻の須藤由美さん（プラス猫と亀）とここに暮らしています。天井の一部だけコンクリートの躯体を残し、ほかは白の塗装とオーク材のフローリングですっきりと仕上げたシンプルな内装の空間。そこに、世界各地から集められたクラフトや伝統工芸品、アート作品の数々が肩を寄せ合うようにして幸せそうに並んでいます。

「一時、ビジュアルマーチャンダイザーとして店舗の内装やディスプレイなどを担当していたことがあります」

と語る横溝さん。ディスプレイされた場所と何も飾らないスペースとのバランスのよさに、その経験が見て取れます。

自身でも「飾る場所はポイントを固めて飾り、余白や動線をしっかり残すように」心がけているそう。そんな横溝さんが主に飾っているのが、民芸に代表される「味があるもの」。

「名作と呼ばれるようなデザインプロダクトももちろんいいのですが、夫婦そろって人の手の跡が感じられる味わい深いものが好きなんです。そのものがたどってきた物語があるようなもの。だから家具もヴィンテージばかり」

北欧のヴィンテージ家具を中心に、アメリカのミッドセンチュリーものもちらほら。日本の家具も取り入れていて、リビングとダイニングをゆるやかに隔てているのは松本民芸家具のベンチです（P14〜15写真手前）。シンプルな内装と、味のある民芸品との橋渡し役となって調和しています。

コレクションは
まとめて飾って
魅力UP

視線を集める
アクセントウォール

左ページ左／リビングボードの上に、世界各地のクラフトや作家もの
を高低差をつけてディスプレイ。美しい色合いのタペストリーが引き
締め役に。　左ページ右／ダイニングからつながるリビングは、ほか
よりやや装飾を抑えめにしてメリハリをつけています。デンマークの
ヴィンテージランプで部屋のコーナーを照らして雰囲気アップ。隅を
照らすと空間の奥行きを広く見せる効果があります。　右ページ左／
チェストの上に「ヒースセラミックス」のフラワーベースをまとめて
飾って。壁のキリンのお面がなんとも言えない良い表情。　右ページ
右／奥の書斎の一角は、壁をDIYでカーキグレーに塗装。少しずつ集
めているという明治や大正時代の古布も壁に映えています。

今はコロナ禍で渡航は難しいですが、仕事柄海外出張も多
い横溝さん。訪れた先のショップでぎゅっと心をつかまれ、
運搬のことを考えずに買い求めてしまったものも多いと言い
ます。「アフリカのスツールをアメリカから手荷物で運んだ
ときは、さすがにしんどかったです」と笑って教えてくれま
した。日本でも、沖縄のやちむんや佐賀の小鹿田焼の工房を
はじめ、都内の骨董市にもよく足を運んでいます。

こうした味のあるものをデコラティブな空間に飾っても、
埋もれてしまって魅力が半減してしまいそう。すっきりとシ
ンプルな内装だからこそ、集まったものたちがより映えるの
でしょう。場所を整えて、メリハリをつけて飾る。これが横
溝さんのお気に入りが輝いて見える秘訣のようです。

Profile
よこみぞ・けんじ／BEAMS店舗スタッフを経て、ビジュアルマーチャン
ダイザーとして店舗の内装やディスプレイに携わる。現在は商品の企画や
バイイングを務める。Instagram：@yokoken

表紙が素敵な本は
面出しで飾る

住まいの一番奥のスペースは、本やオブジェ、皿などのと
っておきをディスプレイした本棚が主役。「普通に入らな
くて仕方なく（笑）」寝かせて収めた大型本とオブジェがか
えって抜け感を出してくれています。ペルーの壺やアフリ
カのスツール、小さめのラグを置いてくつろぎの場所に。

── 横溝さんの飾り方 ──

My Rule

1 味があるアイテムを取り入れる

2 飾る場所を集中させて余白を残す

3 飾るものの味わいを生かすため
内装はシンプルに留める

本を寝かせて
小物のステージに

柳宗理のバタフライスツールとアフリカ
のミニスツール、メキシコの代表的な民
芸「Tree of life（生命の樹）」をリビング
の隅にディスプレイ。民芸品は名作椅子
とも相性よし。下に敷いた日本の花ござ
もまとめ役として活躍しています。

自然の光の力を借りて
グラスを魅力的に見せる

cory邸のリビングダイニングで視線を集める
フォーカルポイントとなっているガラスケー
ス。ワイングラスのコレクションを飾りながら
収納しています。ガラスブロックを通して日の
光がグラスを照らし出し、美しく輝いて。

Case/3

さりげなさが調和を生む
大人のシックなインテリア

| coryさん／
| インスタグラマー

素材も時代もテイストも。あらゆるものを溶け込ませる

東京都内の一軒家に親子3人＆愛犬で暮らすcoryさん。家の中に足を踏み入れると、洋なのか和なのか、モダンなのかクラシックなのか判別しがたい空間が広がっていました。

落ち着いたピンクベージュ色の珪藻土の壁や小上がりの畳、柱などは和の雰囲気。一方、家具はカッシーナのソファなどのモダンデザインや、イルマリ・タピオヴァーラのラウンジチェア、木製のダイニングセット、インダストリアルなアルミスツールなど洋のものが多数。オープンキッチンは、ステンレスの大きなカウンターが今どきのカフェのよう。その中に、時代もテイストも多様なオブジェや雑貨が散りばめられています。全体から受ける印象は「シックな大人の空間」。
「家具も飾るものも一つのテイストにこだわらないで、素材や国、年代をミックスするようにしています」

そう語るcoryさん。このミックス感が、どこのものともつかない雰囲気を生み出しています。

定期的にフラワーアレンジメントの講座に通っており、部屋には花を欠かしません。大きな観葉植物の代わりに、あちこちにさりげなく花や葉ものが生けられています。この「さ

りげなさ」がcoryさんのインテリアのキーかもしれません。
「アートなどもそうですが、ある一つを際立たせるのではなく、全体を馴染ませるように心がけています。家族も過ごす空間なので、動線を考慮して飾るところと何も置かないところのメリハリもつけるようにしていますね」

インテリア関連の職に就いたことはなく、ディスプレイを専門に習ったこともないと聞いて驚きました。ただインテリアが好き。その気持ちと確かな審美眼で、独自の美しい空間をかたちづくっています。そんな中で特に個性が感じられるのが、よくよく見ると「ちょっとヘン?」なオブジェ類。
「オブジェはちょっと面白いものが好きです。よく青山のH.P.DECOなどに見に行きます」とcoryさん。今一番気に入っているというガラスケース前の「香りものコーナー」を見ると、フレグランスキャンドルの横に、お香とともに小さくて少し風変わりなオブジェ類がプレートに収められています。決して悪目立ちすることもなく、あくまでさりげなく。
「あ、こんなところに素敵なものが」と気がついた人がうれしくなってしまう、大人のしゃれ心が効いたインテリアです。

Profile
cory／主婦。夫、息子、愛犬とともに都内の一軒家に暮らす。四季折々のフラワーアレンジメントをあしらったインテリアや愛犬の姿を綴ったインスタグラムが人気。Instagram：@s.t.i.daily__

雑誌の重ねる高さを変えて
リズムをつくる

cory さんの飾り方
My Rule

1 素材、国、時代、テイストをミックスする

2 一つを際立たせず全体を馴染ませる

3 目を引く「ちょっとした面白いもの」を混ぜる

色のトーンをそろえて
落ち着いた空間に

小さくても存在感のある
オブジェを一緒に飾る

左／リビングの一角にある小上がりの畳敷きスペース。ここに洋雑誌を重ねて和洋折衷のディスプレイスペースをつくっています。積み重ねる高さを変えて上に乗せる焼き物やオブジェに高低差をつけ、リズムを出して。幅広のフレームミラーやクラフトの土っぽさは畳とも好相性です。　右上／リビング全景。落ち着きのあるピンクベージュの珪藻土の壁とブラウンのフローリングでシックにまとめています。デコレーションもあくまでさりげなく。　右下／今一番のお気に入り、ガラスケース前の「香りもの」スペース。お香やキャンドルと一緒に「ちょっと面白いもの」をプレートに飾っています。取材時はチーズをかたどった小さな金色のオブジェや水玉柄のガラスの卵形オブジェ、目の形のブローチなどをチョイス。

アートは主張が少なく
馴染むものを飾る

「ちょっとヘン?」な小物を
さりげなく紛れさせて

同デザインのサイズ違いを
積み重ねて美しく

左／アートも飾りますが、あまり目立たせずに空間に馴染ませることを心がけています。ブラックのフレームもごく細いシンプルなものを選択。季節ごとに作品を入れ替えます。　右上／ステンレスと木の組み合わせで、おしゃれなカフェのようなキッチンカウンター。ガラスの一輪挿しをいくつも並べて、可憐な花を一本ずつ飾っています。よく見ると、顔形の一輪挿しが一つ紛れています。さりげなく遊び心を演出。
右下／部屋の隅にアルミ製のトランクを積み上げてディスプレイ。この空間の中ではやや異質な存在に映りますが、そのミスマッチが今風です。同じ種類を複数飾るときは、このようにサイズ違いで重ねると美しく見せられます。

玄関のたたきにアンティークの鉄脚テーブルを設置。四季の草花とともにディスプレイを楽しんでいます。写真は紅葉したアマランサスで秋らしく。フロスの白いポータブルランプを中心とした右側の硬質なまとまりと、まわりの土っぽいアイテムとのコントラストも美麗です。

本の上にアクリルの板。
上にものが置きやすい

JOHN DERIAN

2階のリビングダイニングに上がるとパッと目に入るfuka邸のウォールデコレーション。家を建てるときに、まず壁を飾ることを重視したそう。アートだけでなく立体的なオブジェも飾ることで、空間に奥行きをもたらしています。

縦横のラインを意識して
アートやオブジェを配置

Case/4

進化を続ける

ウォールデコレーション

fukaさん/
インスタグラマー

照明、飾り棚、アートを
対照的に配置

リビングの横の壁にはジェルデ社のウォールランプを設置。
この2灯を中心にシンメトリーを意識して飾り棚やアートを
配置しバランスを取っています。床にはミニキリムを敷い
て、キッズチェアやおもちゃを収めたバスケットの置き場所
に。思わず微笑んでしまうかわいらしいインテリアです。

*fuka*さんの飾り方
My Rule

1 ウォールデコレーションを重視する

2 アートはフレームにこだわる

3 調和しすぎない組み合わせで飾る

右／アートはフレームが肝と気づく
きっかけとなった、額装家・向井理
依子さんの作品。新作ですがアンテ
ィークのような重厚な雰囲気が魅力
的。　右奥／大きな窓の桟にちょこ
んと飾られた動物のフィギュア。外
の緑も含めて素敵な装飾です。

オブジェやフレームを駆使してつくる印象的な壁

　印象的なリビングのウォールデコレーション。fuka邸のイ
ンテリアデコレーションは、まさにこの壁から始まりました。

　建築家に設計を依頼した一軒家に、奥さまと2人の子ども
とともに暮らすfukaさん。そろそろ家を建てたいと思ってい
た頃に雑誌で見かけた家のウォールデコレーションに惹かれ
て、その家の設計者にコンタクトを取ったそう。

　「海外のインテリアのようで嘘っぽさがなく、とても素敵だ
ったんです。自分もこんな壁がつくりたいと建築家の方に話
をしたら、親身に相談に乗ってくれて」

　建築家は建物の設計が主な仕事。インテリア、それこそ飾
るものまで細かく面倒を見てくれる人はそう多くはありませ
ん。fukaさんの場合、デコレーションまでカバーできる建築
家と出会えたことが幸運でした。実際に竣工当時のウォール
デコレーションは、どこにアートを配置するか、どう組み合
わせるかまで一緒に検討しながら決めていったもの。それか
らすっかり壁装飾にのめり込み、インスタグラムでの交流を
はじめ情報収集と模様替えを重ねながら現在に至ります。

　「ぽっかり空いている壁は、どうも収まりが悪くて落ち着き

ません。壁は極力埋めたいと思っています」

　とはいえ埋め尽くすわけではなく、場所に応じてバランス
を見ながら飾るようにしています。広い場所では余白を残し
つつ複数のアイテムを組み合わせて、視線を集めるフォーカ
ルポイントに。「アートだけでは平面的になりがちなので、
立体的なオブジェや照明を一緒に飾っています」。一方、玄
関先や小さなスペースには一点で印象に残るアート作品やオ
ブジェをデコレーション。

　「調和しすぎると面白くないので、飾るものはあまりテイス
トをまとめないようにしています。ただ最近は、手仕事感が
ある作家ものが好きで数も増えていますね」

　アートを収めるフレームの重要性に気づいたのも額装家の
作品がきっかけ。多少値が張ってもここにこだわると、アー
トがより際立ってくると言います。それからは作品に応じて
フレームの色や素材、太さなどにも気を配るように。見回す
と確かに、さまざまなデザインのフレームが目に入ります。

　こうして日々変化を続けるデコレーション。研究熱心な
fukaさんのこと、今後さらに魅力を増していくことでしょう。

Profile
fuka／アパレル系企業に勤務。妻、息子、娘とともに都内の一軒家
に暮らす。「壁を楽しむ家」と題してインテリアや子どもの様子を綴っ
たインスタグラムが人気。Instagram：@fuka_0718

子どもの作品をフレーム内に
飾ってアート風に

機能重視の場所では
隠すと見せるを使い分け

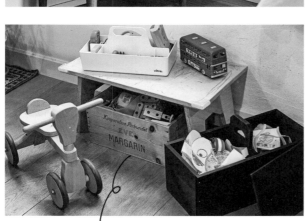

おもちゃを収納する
箱にもこだわる

作品の力を借りた
印象的なエントランス

左上／ベッドルームの一角をミニギャラリーに。ヴィンテージのフレームを壁に取り付けて、その
中に子どもの作品をランダムに飾るかわいらしいアイデア。作品はマスキングテープで貼り付ける
だけだから交換も簡単。　右上／キッチンの壁は、雰囲気のある扉付き収納と取り出しやすいオー
プン棚の2つを使い分けています。　左下／散らかりがちなおもちゃも、極力デザインに気を配り
ます。遊び終わったらデザインのよい収納箱にIN。リビングに置いてあっても悪目立ちしません。
右下／玄関の壁にはクラフト作家・チクニさんの「book on the wall」を使ってフィリップ・ワイ
ズベッカーの作品集をディスプレイ。作品に力がある分シンプルにまとめています。

シックなグレーのキッズチェアを含め、
ダイニングチェアは一脚ずつ異なるデザ
インをチョイス。キリムラグはゾーニン
グに使えるうえ、重厚なテーブルとのコン
トラストも楽しめます。視線が集まる
部屋の奥の隅も抜かりなく飾っています。

目が向く奥のコーナーも
アートや植物で彩る

©Desenio

2

あなたの部屋をもっとおしゃれにする

飾り方のルール

30

家を飾るうえで知っておきたい30のルールを
素敵なコーディネート写真とともに解説します。
少し気を配るだけであなたのインテリアも見違えるはず。

Rule / 1

三角形で飾る

手持ちのアイテムで今すぐできる飾り方、それが
「三角形飾り」です。飾りたいアイテムを3つ集めて、
最も高さのあるアイテムを中心に正三角形や二等辺
三角形を描くようにほかのアイテムを配置。すると
全体がバランスよく、美しくまとまります。応用編
として、高さのあるものを一番端に置いて直角三角
形をつくる方法もあります。飾るアイテムの数は3
つ以上でも大丈夫。その際もベースの三角形のライ
ンを意識してほかのアイテムを配置しましょう。

三角形をつくりやすい
キャンドルを活用

————

サイドテーブルの上にさりげなく飾られたお気に入り
の小物。背が高いキャンドルを中心に、左に背の低い
ボウル入りのグリーンを、逆側にはマグカップや小さ
なオブジェを載せたトレーを配置しています。キャン
ドルを頂点をした二等辺三角形で調和が取れたコーデ
ィネートです。特に狭い場所に飾りたいとき、幅を取
らずに高さを出せるキャンドルやキャンドルスタンド
はうってつけ。ぜひ活用しましょう。(Bloomingville)

Point
キャンドルを頂点とした
二等辺三角形

Point
壁面の広さに応じて
大きな三角形を描く

広い空間に映える
大ぶりアートを三角形の頂点に

もし広い空間で大きなリビングボードがあるなら、そこに飾るものも細々とさせるより大ぶりなほうがバランスがよく映えて見えます。ここではかなり大きめのアートフレームを中心に、左右に「フラワーベースのグループ」と「フラワーベース＋キャンドルスタンドのグループ」を配置。大きな三角形を意識して置いていくことで、飾るものの点数が多くてもごちゃつかずにすっきりと見せることが可能です。（MENU）

存在感のある小物と
合わせてバランスを取る

———

3つと言わずたくさん飾りたい場合も、三角形をベースにすればまとまりやすくなります。サイズや重量感など特に印象が強いアイテムで三角形をつくり、合間や後ろにほかの小物を置いてみて。写真では、左端のモミの木形の陶製オブジェ、顔形オブジェ、球形のオブジェと茶色いフラワーベースで直角三角形を構成。その間や背景にキャンドルホルダーや本、ブックエンドなどを配置しています。(Bloomingville)

Point
バランスを見ながら
掛ける高さを調整

壁 掛 け × 置 き 物 で つ く る
変 形 三 角 形

———

三角形をつくるのに、なにも置き物だけで構成する必要はありません。要はパッと見たときに三角形がつくれていればいいのです。たとえば写真のように、ワイヤーオブジェを棚から浮かせて壁に掛けて三角形の頂点に。棚の上にオブジェから振り分けるように陶器などを配置すれば、バランスのよい変形三角形のできあがり。バランスを見ながら掛ける位置＝三角形の高さを変えられるのもいいところです。(ferm LIVING)

高低差や前後差を
つけて飾る

複数のアイテムは、高低差や前後差をつけて配置す
ると空間にリズムやメリハリ、奥行きが生まれま
す。高低差をつけるには、高さの異なるものを組み
合わせる、置く場所の高さを変える、吊るすものと
置くものを組み合わせるなどが有効。差が極端すぎ
るとまとまりなく見えるので、本や箱などを使って
高さを調整したり、中間の高さのアイテムをつなぎ
で入れるといいでしょう。一部が重なるように前後
に置くと立体感が出てこなれた雰囲気になります。

２段組みのウォールシェルフで
高低差を強調する

壁付けのシェルフはお気に入りの小物を飾るの
に格好の舞台。2段以上あるとリズムがつくりや
すく、印象的なコーナーになります。背が高い
ものと低いものを組み合わせて、適度に余白を
つくりつつ一部を重ねながら配置するのがポイ
ントです。奥行きが浅すぎない棚を選べば、照
明や小さなアート、オブジェ、器、本など飾る
ものの自由度も上がります。質感が異なるアイ
テムをバランスよく組み合わせて。(&Tradition)

Rule
2

ジグザグのラインで
躍動感のあるディスプレイ

————

背が高いものと低いものを交互に配置したデコレーション。高いもの同士、あるいは低いもの同士が並ばないようリズミカルに配置します。ジグザグと山並みを描くようなイメージです。中央のオブジェはほかのアイテムに対して低すぎるため、本を重ねた上に置いてバランスを取っています。キャンドルスタンドも高低差のある2種を並べて。一部は重なり合うように前後差をつけてまとまりよく。(Cooee Design)

Point
背が低いアイテムは
本や箱を重ねた上に

Point
上からも吊るして
立体的なディスプレイに

自然の森のようにランダムに
広がる木々をイメージ

————

同じデザインの陶製の木形オブジェを、大小異なるサイズ取りそろえてディスプレイ。自然の森をイメージして、一列にずらりと並べるのではなく前後左右入り交じるように置いていくと見栄えよく飾ることができます。手前にはレイヤーを重ねるように松の枝や松ぼっくりを置き、上からはオーナメントを吊るして高低差もつければ、より立体感のあるデコレーションのできあがりです。(Kähler)

「吊るして飾る」アイデアで
空間全体を使って楽しむ

高低差を出す手軽な方法が、高い場所から吊るすこと。視線を自然と上に導いて、空間に奥行きと立体感をもたらす効果もあります。天井に設置したハンギングバーやフックから、オブジェや植物など好きなものを吊るして。紐やワイヤーの長さを調節して、ジグザグを意識しながら具合のよいバランスを探しましょう。空いた壁や棚にもアイテムを飾って立体感を強調。（ハンギングバー H-1／トーソー）

Rule/2
高低差や前後差を
つけて飾る

置いても吊るしても。
グリーンは頼れるアイテム

————

高低差や前後差をつけやすいのがグリーン。小ぶりな
鉢植えから背の高い観葉植物までサイズやフォルムも
さまざまで存在感もあり、空間にメリハリをつけるの
に便利なアイテムです。プランターは床に置くだけで
なく、最近増えているスタンドを活用したりスツール
の上に置いたりすれば高さの調節も簡単。天井から吊
るすハンギンググリーンも、ぽっかり空きがちな空間
上部を埋めるのに役立ちます。(Bloomingville)

Point
大きな植物を主役に
小さな植物を点在させる

大小のグリーンを組み合わせて
メリハリをつける

————

グリーンを飾るときは、大小のサイズや種類違いをミ
ックスして高低差をつけるとより印象的です。背の高
い観葉植物は目を引くポイントとしてソファ横や部屋
のコーナーに。小ぶりな鉢植えは、植物以外のアイテ
ムと一緒に本棚やシェルフに並べて馴染ませて。枝垂
れるタイプの植物は、高い位置から葉を垂らしたりハ
ンギングでフォルムを楽しむのはもちろん、床にその
まま置いても存在感があります。(BUILD／ACTUS)

Rule / 3

垂直＋平面＋立体の 3点セットで飾る

何を飾ろうか迷ったときにおすすめなのが「垂直」「平面」「立体」をセットで飾ることです。「垂直」は家具の上に立てたり壁に掛けたアートや大判の本、「平面」は皿やトレイ、横置きの本など。そして「立体」は植物やオブジェなどが当てはまります。この3点セットを前後に重ねるように配置するとまとまりがよいうえに、空間に奥行きが出ます。気軽にセンスよく見せることができるテクニックです。玄関など狭い場所でも効果的に彩ることができます。

Point
「平面」役も高めにして
全体のバランスを調整

ミラーのサイズに合わせた ボリュームのあるディスプレイ

壁付けの円形ミラーを「垂直」に活用した例。重ねた本が「平面」、グリーンを生けたフラワーベースが「立体」です。背景が映り込む大きなミラーは空間の奥行きを感じさせるので、インテリアに取り入れると効果的。高級感も演出できます。写真はミラーにボリュームがあるため、フラワーベースも大きなものを選択。平面役の本も何冊か重ねて高さを出し、さらに2つのまとまりを並べてバランスを取っています。(MENU)

Point
アートで雰囲気をつくり
飾る個数は場に合わせる

背景役の「垂直」アイテムで
全体の雰囲気をつくる

3点セットの中でも大切なのが、背景として全体をま
とめる「垂直」役。全体のトーンをつくる役割も果た
します。ここではインパクトのあるアートを選び、モ
ダンに仕上げています。横長のキャビネットに合わせ
てフラワーベースやオブジェなど「立体」を多めに置
き、間に「平面」を配置。3点セットがそろっていれば、
点数自体は場所に合わせて増減可能です。（イデー
スタイリング：作原文子　撮影：馬場晶子）

Point
フレームの黒を
小物にもリンクさせる

Point
花の色を引き立てる
シルバーで統一

一番目立つ絵や写真と
色をリンクしてコーディネート

好みのアートを重ねて「垂直」役として使うのもおすすめのア
プローチ方法です。数点を床や棚にラフに置くだけでも印象的
なコーナーになります。作品に使われている色やフレームの色
と、「立体」「平面」のアイテムの色をリンクさせると全体に統
一感が生まれます。　左／「立体」役のキャンドルホルダーは、
アートのフレームと合わせてシルバーをチョイス。花との対比
もきれいです。　右／フレームの色に合わせてほかのアイテム
にも黒を効かせて。モノトーンをベースにしたコーナーで、ア
ートの色彩が際立ちます。（ともにDesenio）

Rule / **3**

垂直＋平面＋立体の
3点セットで飾る

素敵な表紙の本を
背景として生かす

———————

「垂直」役はとりわけ大きなアートや鏡でなくても大
丈夫。手軽にできるのが、本を立て掛けて表紙を見せ
る方法です。写真集や洋書など大判でデザインの素敵
な本をディスプレイ用に集めておくとよいでしょう。
ここでは「立体」役としてフラワーベースを、「平面」
役として大皿を組み合わせています。大皿は単体では
少し寂しいので、小物や果物、エアプランツなどを飾
るとバランスが取りやすくなります。(&Tradition)

Point
大皿にはちょっとした
果物で彩りを添えて

This workbook is the
Kjellander + Sjöberg tool
to reassess and improve
interact
vironment.

Good Things
JANE SIMSON

Rule

4

グループで
引き立たせる

せっかくのお気に入りアイテムも、単体では存在感
があまりなくて空間で映えないことがあります。サ
イズが小さければなおさらです。そんなときは同じ
アイテムを複数集めて飾ってみましょう。より魅力
が増して目を引くディスプレイになります。サイズ
や色、ディテールのデザインに少しずつバリエーシ
ョンをもたせれば、リズムが生まれて単調になりま
せん。サイズを変えたり吊るす長さを変えて高低差
をつけることをおすすめします。

サイズや向き、間隔をミックス
壁一面を使って楽しむオブジェ

———

鳥の形の陶製オブジェを壁一面に飾った大胆なデコレーションは、まさにインテリアの主役。同じシリーズでも色や表面の質感、サイズ、向きを変えて配置することで単調にならず、動きのある楽しい壁になっています。まっすぐ並べず鳥の群れのようにランダムに、間隔もあえてそろえないレイアウトで遊び心を演出。色はバラバラでもトーンがそろっているため落ち着いた印象にまとまっています。([a] 撮影：下村康典)

並べてもうるさくないガラスは
グループで飾るのにおすすめ

———

同じ種類のガラスのフラワーベースをたくさん並べ
て、集合美を楽しむディスプレイ。同じガラスでもサ
イズや色、フォルムを変えて単調にならないようにし
ています。一部に花やグリーンを生けると、高さにメ
リハリが出せます。クリアなガラス製品はグループで
飾ってもうるさくなったり重くなったりしづらいうえ
に、見る角度によって違う色の重なりも楽しめておす
すめのアイテムです。(Muuto)

Point
複数の色を飾ると
重なりも楽しめる

色のトーンをそろえた
ピッチャーを集めて飾る

応用編として、デザインが異なる複数の
ピッチャーを並べて飾るデコレーション
を紹介します。一つひとつに存在感があ
りますが、フォルムや質感を混ぜてランダ
ムに並べることで、単体で飾るより印
象的なコーナーに仕上がります。色は
黒・グレー・白の無彩色でそろえて統一
感を出して。(Bloomingville)

小さなグリーンはまとめて
飾り印象をアップさせる

小さな植物はシェルフを活用してまとめ
て飾るとより印象的になります。植物は
フォルムも質感も一つひとつ違うので、
並べても単調にならないところが魅力。
一方で鉢は同じデザインのものを使い、
植物の個性を際立たせています。全体の
雰囲気も統一しやすく、インテリアとも
調和します。(Montana Furniture)

Point
同じ鉢に植えて
葉の形違いを際立たせる

収納しながら飾る
実益を兼ねたディスプレイ

たくさんあるバスケット類を1か所に集めて吊るし、収納を兼ねてディスプレイしたエントランス。さまざまなデザインや形がミックスされてにぎやかな雰囲気ですが、それでいてまとまった印象なのは、同じトーンの自然素材でそろえているから。吊るす紐やフックの長さを変えて高低差をつけるとリズムが生まれて、楽しいコーナーが完成します。観葉植物との相性も抜群です。（ハンギングバー H-1／トーソー）

Point
トレイの上にまとめて
収まりをよくする

高低差のあるキャンドルを
3つ並べて存在感アップ

印象的なルックスのキャンドル。1点だけでも目を引きますが、グループで飾るとその個性がさらに引き立って見えます。同じシリーズでも微妙に形や配色、サイズが異なるものをまとめて飾れば自然とリズムが生まれます。トレイの上に配置することで、テーブル上に居場所ができて収まりもよくなります。このように同一シリーズのサイズ違いや色違いを複数そろえておくと便利です。（PILLAR CANDLE／HAY）

Rule / 4

グループで
引き立たせる

個性的な形もプレーンな色なら
グループで飾るのが面白い

────────

ユニークなデザインのフラワーベース。1点だけでも
存在感がありますが、形違いをグループで飾ると、さ
らに印象的なコーナーがつくれます。ニュートラルな
グレーカラーなので集めて置いてもうるさくなく、重
たさもありません。奥に背の高いもの、手前に小さな
ものを置き、そのほかはランダムにレイアウト。右奥
の2個は本の上に置いて高さを調整し、並べた際にバ
ランスよく見えるようにしています。(ferm LIVING)

Point
グループで飾っても
うるさくない色を選択

Point
オリーブグリーンで
ほどよいアクセント

Rule / 5

色や形をそろえる

Rule4と同じく、複数のアイテムを飾るときに有効な手法です。Rule4ではディスプレイとして際立たせるための手法でしたが、こちらは色や形を統一して馴染ませる手法。アイテムの種類やサイズ、デザインを問わず色や形をそろえることで、細々としたものも大きなひとつのまとまりとして見せられます。特に色に関しては、白やアイボリー、ベージュ、グレーなどの柔らかな色であれば圧迫感もなく、センスよく空間に馴染ませることが可能です。

異素材をミックスして
同系色にメリハリをつける

上段の陶器、下段の巻き貝のオブジェとドライフラワー、ボックスや本をすべてベージュカラーで統一した上級者コーディネート。上段のフレームに入れたアートのオリーブグリーン色が、ほどよいアクセントになっています。同系色で統一するときは、陶器や紙、布、石など、異なる素材をミックスして質感にメリハリをつけるのがおすすめ。のっぺりした印象になるのを防げます。(ferm LIVING)

ホワイト一色で際立つ
お気に入りのコーナー

———

用途もサイズもデザインもバラバラなものた
ち。すべてホワイトで統一することで、印象的
なコーナーが完成しました。ホワイトをキーワ
ードに、家の中の飾りたいものをピックアップ
する過程も楽しいもの。素材や微妙な色の違い
を楽しみながら、並べ方を考えてみましょう。
食器やフラワーベースなどコレクションしてい
るものがあるなら、あえて同じ色だけ集めたコ
ーナーをつくってみても。(撮影：小林久井)

同じ形でそろえて
統一感あるディスプレイ

———

丸形のフラワーベースを複数集めてディスプレ
イ。それぞれディテールは異なりますが、「丸」
という点で共通しているためまとまりが生まれ
ています。生けたポピーの花の形もさりげなく
丸形でそろえてかわいらしい印象に。写真は同
じブランドのアイテムなのでテイストが合わせ
やすい点はありますが、同一ブランドやシリー
ズでなくても、同じ形のものをそろえれば統一
感を出すことは可能です。(Cooee Design)

数珠つなぎで飾る

Rule/
6

ディスプレイが部屋から浮いていると感じたら、飾るもの同士はもちろん、床や壁、家具、照明、カーテンの色や素材、形をチェック。いずれかの要素に共通点が出るようにリンク＝数樹つなぎをしていくと、空間全体に統一感が生まれます。たとえばカーテンの柄の1色をオブジェの色にも使う。椅子の脚のメタルに合わせてアートフレームもメタル素材にするなど。飾るものを新調するなら、まず部屋を見渡して色や素材を確認することをおすすめします。

食器棚と素材をそろえて
木とガラスのアイテムを飾る

食器棚の上で器のコレクションを見せながら収納。棚の素材との数珠つなぎで木のボウルや食器、照明や家形オブジェを飾り、一体感のあるスペースに。上に置いたアイテムは木の色調もそろえています。さらに棚のガラス戸との数珠つなぎで、ガラスのアイテムもミックス。ブルーのグラデーションを描くように並べて、単調になるのを防いでいます。中央には、あえて黒い陶器の鉢を置いて引き締めて。([c] 撮影：米谷享)

Point
ブラックの陶器で
引き締める

内装や家具からつないで
部屋全体に統一感を出す

グレーと明るい木を基調とした室内に置かれているのは、床と色をそろえた木と白の家具。そこからデコレーションも色をつないでいった、空間全体が調和したコーディネート。ペンダントライトとフラワーベース、壁際のテーブルランプ、アートの1色は家具の白とリンク、ラグと椅子の張り地がライトグレーでリンク。カーテンとアート、さらに花の色がエンジ色と、どこかにつながりをもたせています。(©Artek)

色と素材、フォルムを
数珠つなぎした上級技

フロアライト、フレーム、植物の鉢はブラックで数珠つなぎ。フレームの上のマクラメアートの台座とそこにあしらった枝、壁付けの棚は木素材でリンク。さらにフロアライトの脚や棚、長く伸ばしたマクラメ、フレームの縦のラインもさりげなく数珠つなぎ。色、素材、フォルムと異なる要素をリンクさせてまとまりをもたせ、立体物で奥行きも出した上級者コーディネートです。([c] 撮影：米谷享)

Point
マクラメを長く垂らして
縦ラインをリンク

Point
テーマに沿って
複数の小物をセレクト

NO.

1

Parsley Lime

ILLUME
×
Bloomingville

Rule / **7**

ステージをつくる

何も目印がない広い場所に、ポツンとひとりでいる
場面を想像すると、どうにも居心地が悪く落ち着か
ない気分になりませんか？　飾るものも同じで、
細々としたものをそのまま置いただけではまとまり
がなく収まりが悪いことがよくあります。そんなと
きにすすめたいのが「ステージ」の上にまとめるこ
と。トレイや皿、横に寝かせた本、ファブリックな
どを活用して複数のアイテムをまとめてみて。存在
感がなかった小さなアイテムも引き立って見えます。

Point
トレイ上のまとまりを
1アイテムと捉える

細かいアイテムをまとめて
まわりとバランスを取る

———

トレイの上に置いたフラワーベースやオブジェ、キャンドルスタンドを一つのまとまりとして捉えてみましょう。写真ではそれらを中心に据えて、左にテーブルランプ、右に真っ赤なフラワーベースを配置。ボリュームの異なる3つの固まりがキャビネット上にリズムよく並ぶことで、すっきりとした印象に。テーブルランプを頂点とした直角三角形をつくっている点も、美しいバランスをかなえる秘訣です。(Bjørn Wiinblad)

トレイを活用して
一つの世界観を表現

———

左ページ／フラットな大理石風のトレイをステージに見立て、好きなものをいくつか飾ってみましょう。写真のようにフレグランスキャンドルやポプリを入れたボウル、ハーブを挿した一輪挿しをトレイ上にまとめれば、小さなアイテムでも一つひとつの存在感が増し、より魅力が引き立ちます。「香り」「植物」「オブジェ」などテーマを絞ることで、より世界観を表現しやすくなります。(ILLUME x Bloomingville)

仕事中の癒やしになる
デスク上のディスプレイ

————

快適に仕事をするためにはデスク環境にもこだ
わりたいもの。小さくていいのでデスク上に飾
る場所を用意すれば、仕事の合間の癒やしにも
なるはず。ここでは作業の邪魔にならない程度
の小ぶりな木製ボウルに、洋書の1ページやアン
ティークのものさし、球形のオブジェをディス
プレイ。ボウルにまとめることで転がりやすい
形状のアイテムでも安定し、かつ一つのストー
リーが感じられます。(撮影：小林久井)

Point
場所をとらない
小ぶりなボウルを

Point
トレイや置くものの
デザインにこだわって

Rule / **7**
ステージを
つくる

細かなものが多い場所こそ
トレイですっきり機能的に

————

たとえば、洗顔やメイクなど毎日の身支度に欠
かせない小物が集まった洗面所。そうした散ら
かりがちな場所にこそ、素敵なデザインのトレ
イを取り入れてみましょう。細々としたものが
一か所にまとまるので、散らかった印象になら
ず、身支度もスムーズに。実用品だけでなく、
パッケージそのものが絵になる香水やメイク道
具、小物入れなどのアイテムも一緒にまとめれ
ば気分も上がるはず。(ORGANISE／MOEBE)

本を重ねて
小物を乗せるステージに

————

横置きした本もトレイ代わりに活用できるアイテム。
たとえば写真のように、ある程度厚みのある本を数冊
重ねて横置きすれば立派なステージになります。小さ
なオブジェやプレートなど目立ちにくいアイテムで
も、高さのあるステージに飾ることで舞台上の役者の
ように一気に存在感が増して見えます。数冊重ねるこ
とで、周囲に並んだ大ぶりなアイテムとのバランスも
取りやすくなるはず。(ferm LIVING)

Point
ミニキリムやコースターで
模様や色を取り入れて

小さなファブリックを使った
窓辺のディスプレイコーナー

————

窓辺やカウンターなどのちょっとしたスペースにおす
すめなのが、ミニキリムやコースターなどのファブリ
ックをステージに活用したコーデ。写真の小さなマッ
トは、本来は猫のご飯皿や水飲みボウルの下に敷くた
めのものですが、用途を限定せず自由に活用してみ
て。鮮やかな色彩でフラワーベースやオブジェを引き
立てる素敵なステージになります。(オルネコ オリジ
ナル・プリントマット／オルネ ド フォイユ)

8

本を横置きにする

横置きにした本はインテリアデコレーションでとても「使える」アイテム。海外ではリビングのセンターテーブルの上などに、素敵な表紙を見せるように大判の本、通称「コーヒーテーブルブック」を平積みすることがあります。本そのものをオブジェのように使ったり、Rule7でも登場したように上にほかのオブジェや照明などを置いて引き立たせたり。何冊か重ねて高さを調節することも簡単。デザインの素敵な本は何冊か持っておいて損はありません。

部屋の一角につくる
リラックススペース

灯りを手元に読書を楽しむひととき。そうしたリラックススペースに大切なのが照明の存在です。ポータブルのテーブルランプはどこにでも置けて便利ですが、コンパクトなデザインが多いためそのまま床置きすると収まりがイマイチに。そこでぜひ試してほしいのが、本を重ねた「ステージ」をサイドテーブル代わりとして活用する方法。簡単に高さを調整できるのもいいところです。(&Tradition)

Point
数冊重ねて照明を置ける
サイドテーブル代わりに

収納の仕方や飾るもので
本棚の印象を変える

――――

本棚の収納も置き方の工夫で違った印象に。縦置きだけでは味気ない印象になりがちですが、横置きの本を適度に混ぜることでメリハリや抜け感が生まれます。注意したいのが、縦置きした本の上に横置きの本を重ねないこと。空きスペースに詰め込んだだけに見え、ディスプレイとして台無しに。装丁が素敵な本は表紙を表にしたり、一緒にオブジェや雑貨を飾ることでより見栄えがよくなります。(ferm LIVING)

Point
縦置きと横置きは分け
オブジェや雑貨も混ぜる

Point
背表紙を逆に
横と縦を組み合わせて

シェルフに並べて
オブジェのように見せる

――――

シェルフの中に本を取り入れることで、いろいろなアイテムとの組み合わせが楽しめます。その際、色やデザインがバラバラな背表紙を見せないよう逆向きに置くのがポイントです。カバーを気にする必要がなくなり、見た目の統一感も出てよりオブジェらしくなります。また、横置きだけでなく縦置きも混ぜると高さ方向のボリュームが出て、メリハリをつけながらおしゃれに見せられます。(einrichten-design.de)

Point
鮮やかな色で
変化をつける

長さのあるベンチと本で
こなれ感を出す

本を飾る場所は、テーブル、シェルフ、
ベンチなどいろいろな家具で試すことが
できます。ここでは長さのあるベンチに
横置きの本を積み、奥には大皿を重ねて
立体感のあるディスプレイにしています。
簡単な方法ですが、ショップのようにイ
ンテリアがこなれて見えるはず。一番上
に置いたメモ帳のブルーグリーンが、ア
ースカラーでまとめた空間のアクセント
として効いています。(撮影：小林久井)

Point
インパクトのある
背表紙でバランスを

素材の対比を楽しむ
スツールのディスプレイ

ハイスツールは単に座るだけでなく、上にバスケット
を置くなどしてディスプレイとしても活用できます。
ハイスツールの硬質なアルミシルバーとバスケットの
自然素材という相対するテイストのバランスをうまく
取っているのが、間に横置きした一冊の本。このよう
に一点ずつを組み合わせるディスプレイ方法の場合、
一冊でもインパクトのあるアーティスティックな背表
紙を選ぶといいでしょう。(撮影：小林久井)

相性のよいグリーンの
素敵なステージ代わりに

————

横置きで数冊重ねた本と組み合わせることで、さまざ
まなアイテムの存在感を高めることができます。たと
えば写真のように、とりわけ本と相性のよいグリーン
を置いてみても素敵です。あえてカラフルな色の本を
無造作に積み上げれば、手軽に目を引くアクセントを
つくることができます。グリーンの水やりの際は水濡
れの心配があるため、本から外して行うのを忘れず
に。（PLANT POT WITH SAUCER／HAY）

Point
カラフルな色を選んで
部屋のアクセントに

Point
色やサイズをそろえて
統一感を出す

Rule / 8
本 を 寝 か せ る

背表紙を見せて
デコレーションの一部に

————

よく見れば色やデザイン、サイズもさまざまな本の背
表紙。ここではこれらの背表紙を隠さずにデコレーシ
ョンの一部として見せる方法を紹介します。この場合
はあくまで「オブジェ」であることを意識し、あまり
たくさん積み重ねずに厳選して見せるようにしましょ
う。何冊か重ねる場合は、同じ色やサイズのものを選
ぶことで整然とまとまり、すっきりとした印象になり
ます。（Wall-Shelving／MOEBE）

Point
アクセントとして
一点を主役にする

愛嬌のあるオブジェで味付けする

一分の隙もないほどスタイリッシュなインテリアには、少しつまらなさがあるのも事実。それを和らげるのに格好のアイテムが、顔が描かれたオブジェや雑貨類です。ちょっと間抜けな顔をした愛嬌のあるものがおすすめです。大人のインテリアのよい外しになってくれます。こうしたオブジェはあくまでスパイスとして取り入れて、ほかのアイテムとミックスさせることが重要。あまりたくさんそろいすぎると妙にファンシーな空間になってしまいます。

Rule

表情のあるオブジェで
シンプルな空間に変化を

————

白とブルーをベースにしたアイテムを組み合わせ、さわやかな印象にまとめたコーディネート。そうした中で、中央に置いた脚付きのボウルに描かれた顔が目を引くアクセントになっています。目や鼻、口が描かれたユーモラスなオブジェは、そこに一つ加えてみるだけでシンプルな空間を一変させる力を持っています。（撮影：小林久井）

Point
愛嬌のあるオブジェは
小ぶりなサイズでOK

小さな棚でも
楽しげなアイキャッチに

壁付けしたちょっとした本棚も、表情のある小さなアイテムを置くことで楽しげなスペースに早変わり。写真では棚の中に顔がついた貯金箱、上には虎の置物を飾っています。どちらも木彫りでできた骨董品で味わいがあり、特に貯金箱のなんともいえない表情に心なごみます。こうしたオブジェは、小ぶりなサイズでも十分に役割を果たします。([c] 撮影：米谷享)

Point
ビビッドな色や柄で
アクセントをプラス

落ち着いた雰囲気の部屋にこそ
ユニークなアイテムを

アンティークの家具と落ち着いた色合いのキリム、シックなアートで構成された大人の空間。そこに置かれたベンチの上の愛らしい作家ものの人形が、ほどよい抜け感とゆるさを与えています。ユーモアが感じられる表情、ビビッドな色づかいや柄もインテリアのアクセントとして効いています。([b] 撮影：田里弐裸衣)

choose
JOY

Rule / 10

子どもの作品は
フレームで飾る

小さな子どもがいる家庭なら一度は悩む「増えてい
く子どもの絵や作品をどうするか」問題。せっかく
の成長の証し、ぜひインテリアデコレーションに生
かしましょう。その際、ただ壁に貼り付けるのでは
なく、フレームに収めると素敵な作品が引き立ち
ます。きちんと額装するよりも手軽にトライでき、取
り替えも簡単。飾るときは子どもの作品だけでなく、
かわいらしいオブジェや雑貨も一緒にコーディネー
トすると、まとまりがよく楽しげに仕上がります。

吊るして楽しむ
キッズギャラリー

ーーーー

汎用性の高いハンギングバーはディスプ
レイに最適。キッズインテリアではモビ
ールやフラッグ、ストリングライトなど
吊るして楽しめる小物が多いので、子ど
もの作品も一緒にハンギングバーに吊る
して楽しみましょう。使用したのは透明
なアクリル板で挟んで吊るせるおしゃれ
なフレーム。子どもの作品を収めて吊る
せば、楽しげなキッズギャラリーの完成
です。(ハンギングバー H-1／トーソー)

子どもの作品を引き立たせる
ステージを用意

———

壁にフレームだけを取り付けてステージをつくり、枠内に子どもが描いた絵や作品をマスキングテープでラフに貼れば、なにげない絵も引き立って見えます。気軽に取り替えることができるうえ、飾る点数も融通が効くのもよいところ。ヒンメリ（北欧のモビール）やかわいらしいオブジェなどと一緒に飾ればしっくりと場に馴染み、部屋の一角がたちまちギャラリーのようなスペースに様変わりします。（撮影：小林久井）

Point
オブジェをミックスして
場に馴染ませる

**大きな空間を引き締める
アートのデコレーション**

———

特に広い部屋では、何かしら目を引くアクセントをつくって散漫な印象になるのを防ぐことが重要です。フォーカルポイントは通常は部屋の奥に設けることが多く、写真の例でも部屋の奥の壁に複数のアートを飾って目線が集まるようにしています。絵柄やサイズ、フレームの種類もさまざまなアートはフォーカルポイントによく使われるアイテム。広くてたくさんの要素がある空間では、フォーカルポイントにもボリュームをもたせて。(Sonya Winner Rug Studio)

フォーカルポイントを
つくる

整っているけれどどうも物足りない部屋があるなら、「フォーカルポイント」がないせいかも。「焦点」を意味するフォーカルポイントは、インテリアでは自然と視線が集中する場所、つまり「見せ場」を指します。見るべき場所がはっきりして空間に安定感や落ち着きが生じるとともに、華やぎが生まれて印象的なインテリアがつくれます。西洋の暖炉や和室の床の間に代わり、現代日本の住空間では主にアートやグリーン、鏡、壁一杯の本棚などを活用します。

Rule / **11**

Point
複数のアートで
ボリュームをもたせる

家具と小物を組み合わせて
フォーカルポイントに

————

写真右のキャビネットと小物の組み合わせがフォーカルポイントとなって目線を奥へと誘導します。家具そのものだけではフォーカルポイントとしては弱いのでほかのアイテムを組み合わせることが大切。写真ではキャビネットの上に置いたアートがポイントとなり、高さやボリュームを補っています。家具だけの場合はデザイン性が高い大きなソファなどが有効です。（THYME & SOUP／ACTUS）

Point
アートとグリーンの
飾り付けがアクセントに

Point
白い壁に映える
グリーンで目線を導く

入り口から対角のスペースに
目を引くグリーンをアレンジ

————

大型の観葉植物もフォーカルポイントづくりに有効なアイテムです。部屋の入り口から見て奥側の角は、ドアを開けたときにパッと目に留まる場所。ここをさわやかなグリーンで彩ると空間全体の印象がよくなります。家具を配置する際は、観葉植物に向かう視線を妨げないように留意しましょう。フォーカルポイントをしっかりつくると、ほかの場所が多少ごちゃついていても気になりづらくなります。（[c] 撮影：米谷享）

フォーカルポイント
をつくる

Point
シンプルなアートは
フレームで引き締める

目線を奥に誘導する
アートと照明の組み合わせ

———

奥の壁のアートがフォーカルポイント。その手前に吊
るした照明が目線を奥へと誘導して空間に広がりを与
えています。アート自体はシンプルですが黒のフレー
ムが目を引くアクセントになり、さらにアートの左右
に配された壁付けの照明もフォーカルポイントを強調
します。欧米では家具や小物をシンメトリー（左右対
称）に配置することが多く、フォーカルポイントをつ
くる際に有効な方法の一つです。(norsu interiors)

Point
家具の上も飾り付けて
まとまりで視線を導く

全体のバランスを整え
風景をつくる

———

家具の上に飾った大きな鏡をフォーカルポイン
トにした事例。ミラーは実用性があるうえに、
素材や形、サイズ、装飾などのバリエーション
が豊富。好みのインテリアテイストに合わせや
すく、フォーカルポイントづくりにも有効なア
イテムです。ミラー単体では空間から浮きがち
なので、キャビネットやサイドボードなどの家
具と組み合わせるとまとまって見えます。家具
の上の飾り付けも忘れずに。(Laskasas)

部分的なペイントで
アートを印象的に見せる

壁の一部だけをペイントするアクセント
ウォールは、DIYでもトライしやすく色
壁初心者にもおすすめです。空間に馴染
む柔らかなローズカラーならより取り入
れやすいはず。シンプルで小ぶりなアー
トも白い壁に飾る以上に魅力が増し、目
線を集めるフォーカルポイントになりま
す。写真ではアートと照明を前後に重な
るように配置することで、空間に奥行き
をもたらしています。(Farrow&Ball〈カ
ラーワークス〉)

Point
ニュートラルなカラーで
ほどよいアクセントに

Rule
12

壁をアクセントにする

壁の一面や一部のスペースだけを色柄が異なるクロ
スにしたりタイルを貼ったりするアクセントウォー
ル。部屋全体に色を使うのには抵抗があっても、部
分的になら取り入れやすいうえ、おしゃれ感を高め
られておすすめの方法です。目線が集まるアクセン
トウォールはフォーカルポイントとしても機能しま
す。単調な空間に変化が生まれ、インテリア全体の
引き締め役になります。アートなどほかのアイテム
と組み合わせると、より印象的に仕上がります。

Point

壁紙の柄の1色と
フレームの色をリンク

空間にリズムを与える
パターン壁紙

———

柄入りの壁紙も人気のアイテム。まずは一部の壁に部
分的に取り入れるといいでしょう。写真はグレーの地
色がシックな壁紙の例。ゴールドベージュの幾何学柄
とアートのフレームの色がリンクして、一体感のある
コーディネートに仕上がっています。奥のリビングル
ームはネイビーのアクセントウォール。壁の色柄を変
えると、仕切りがなくても空間をさりげなく区切るこ
とができます。(Farrow&Ball〈カラーワークス〉)

Point

立体タイルならではの
陰影もアクセントに

貼り方の工夫で
空間に動きをプラス

———

花弁のような形をしたタイルを部分的に貼った壁面。
フラットな壁面に立体感を与えるほか、それぞれのタ
イルが微妙に異なる光沢を放つエレガントなアクセン
トウォールになっています。色柄が豊富で質感の豊か
なタイルは、アクセントウォールづくりにも有用なア
イテム。壁全面に貼るのもいいですが、一部に貼るこ
とでより動きが生まれて印象的になります。キッチン
や水回りでも重宝します。(スーイ／平田タイル)

コーナーを照らして
空間に奥行きを出す

———

雰囲気のよい空間をつくるうえで照明は
マストと言えるアイテムです。暗くなり
がちなコーナーを照らすと壁に陰影が生
まれ、空間に奥行きが出て広く見えると
いううれしい効果もあります。消灯時も
オブジェのようにたたずむ素敵なデザイ
ンを選びましょう。写真のようなペンダ
ントライトのほか、フロアスタンドも効
果的。壁紙やカーテンのテイストと合わ
せて選ぶとうまくまとまります。(Anoli
3／Nuura　Design: Sofie Refer)

Point
変哲のないコーナーが
照明一つで様変わり

部屋のコーナーを
飾る

部屋のコーナー（隅）も、実はフォーカルポイント
になりうる場所。入り口から部屋を眺めたときに、
対角上のコーナーは意外と目に付きやすいもので
す。そのため、この場所を素敵に飾ってあるとイン
テリア全体の印象がよくなるというわけです。とは
いえ広いスペースではないので、大げさな装飾は必
要ありません。デザインがよい照明や大きめの観葉
植物、シンプルなアートなどを飾ってさりげなくデ
コレーションするのがおすすめの方法です。

Rule
13

壁2面にアートを飾って
コーナーを彩る

コーナーの壁2面にアートを飾ったコーディネート。2枚のアートは同じサイズでそろえるよりも、大小をつけたほうがバランスが取りやすくなります。飾る際にフレームの上下中央を合わせると安定感が生まれ、反対にずらすとリズミカルな印象に。2枚のアートは色やテーマに共通項があるものを選ぶと一体感が出ます。写真ではクリスマスをテーマにゴールドカラーをリンクさせています。(Desenio)

Point
テーマをそろえながら
絵と文字で変化をつけて

Point
入り口から離れた場所に
大きすぎないバランスで

背の高いグリーンは
コーナーの装飾に最適

大きなグリーンもコーナーの演出に効果的なアイテム。グリーンとテイストをそろえたアートやベッドサイドテーブルで、自然と目を引く場所になります。コーナーに置くグリーンは大きすぎると圧迫感が出てしまうため注意。目安として150cm程度、目線の高さくらいがバランスが取りやすくおすすめです。コーナーを彩るという点では上から吊るすハンギンググリーンも有効です。(The French Bedroom Co)

小さなアンティークで
ぬくもりのある空間を演出

———

窓と窓の間のスペースに飾ったのは小さなアンティークの壁掛け。何もないと寂しさを感じる白い壁に、小ぶりながら味わい豊かなアンティークを飾ることで洗練された空間になっています。チェアやスタンドライト、さらに床に置いたフラワーベースなどとテイストや質感をそろえているため、目立つ場所に飾っても浮かずに調和しています。（カーテンレール クラスト19 ロールスクリーン ルノファブ／トーソー）

隙間の壁を飾る

Rule

14

部屋の隅と同じく、目立たないようで意外と気になる場所が、窓と窓の間や窓と壁の間、ドアの脇など、家のどこかしらに存在する「隙間の壁」。ここを飾ると、ただの空きスペースが一気に生きた場所に変わります。ここもコーナーと同様に大げさな装飾は不要。また、基本的には壁一杯に飾らずに余白を残すよう心がけましょう。フレームに収めたアートももちろんいいけれど、小さな壁掛けや写真、細長いミラーなどをさりげなく飾るとより効果的です。

小さなスペースも
アクセントに活用可能

窓と窓の間のわずかなスペースも飾り方次第で
インテリアのセンスアップにつながります。こ
こでは深いグリーンカラーの植物の写真をさり
げなく飾り、白ベースの空間を引き締めていま
す。小さなスペースでは大げさなフレームやデ
コレーションは不要。マスキングテープで貼っ
ただけのカジュアル感が、かえっておしゃれな
印象を高めています。（アルミブラインド　ベネ
アル25／トーソー）

Point
セットで飾ると
おしゃれ感アップ

狭小スペースこそ
ミラーが活躍！

ドア横のちょっとした隙間に細長いミラーと小さな壁
付けの棚を設置した事例。上下のアイテムのラインを
そろえて一体感を出しています。空間に広がりを与え
てくれるミラーは狭いスペースでも活用したいアイテ
ム。飾りとしてだけでなく、外出前の身だしなみチェ
ックや小物置きとして実用的に使えるところもポイン
トです。グレーの壁紙と合わせたシックなデザインが
空間を引き締めています。(einrichten-design.de)

Point
外の自然とつないで
半屋外のような空間に

Rule/15

突き当たりに
ステージをつくる

廊下の突き当たりや梁で生じたデッドスペースもま
た、ディスプレイに適したスペースです。ここを「舞
台」に見立てて小さな家具を置いたり装飾を施すこ
とで、一段と目を引く場所になります。特に廊下の
突き当たりは自然と視線が伸びて目に留まるので、
格好のデコレーションスペースに。限られた面積だ
からこそ少量のアイテムで魅力的なスペースに変わ
ります。明確なテーマを設けたり、色やテイストを
そろえるといいでしょう。

ソファまわりをステージに
くつろぎの空間をつくる

有効活用しにくい窓際のデッドスペースに木製のウォ
ールパネルを設置。そのパネルに植物をテーマとした
デコレーションを加えて、外と中をつなげる「緑のス
ペース」に仕上げています。ラフなテイストのソファ
やラグ、大きめのグリーンで、自然を感じながらくつ
ろげる場所に。小さなスペースだからこそ「おこもり
感」が出てリラックスできます。(HKliving)

背が高いアイテムも
突き当たりなら置きやすい

———

大きな窓に面した廊下の突き当たりのこぢんまりとした一角を、くつろげるスペースにコーディネートした事例。ファクトリーのような無機質な空間ですが、木製のラウンジチェアと背が高く葉も大ぶりなグリーン、さらに個性的な照明やサイドテーブルを配置して有機的でリラックスできる空間へと生まれ変わらせました。狭い空間こそ、選ぶアイテムがコーディネートの完成度を左右します。（Essential Home）

Point
軽やかに見せるなら
ソファではなくチェアを

Point
調光可能なブラインドは
ステージづくりにも重宝

降り注ぐ自然光がまるで
スポットライトのよう

———

廊下の突き当たりの腰高窓。普通なら採光用の窓と捉えがちですが、その下にベンチを置くだけで立派なデコレーションスペースに早変わり。ウッドブラインドとそろえて木製のベンチを置き、その上にナチュラル系の小物やグリーンを飾っています。ウッドブラインドから漏れる優しい光がスポットライトのような効果を生み、ステージへと目線を引き付けます。（ウッドブラインド ベネウッド小窓50／トーソー）

——————

部屋のコーナーに、アートとラウンジチェアを組み合わせたコージーなスペースを。通常よりゆったり座れるサイズのチェアを選び、さらにクッションやブランケットを合わせることで、腰かけて過ごしたくなる印象的な空間になります。チェアの張り地に合わせて、アートの色、クッションやブランケットの色柄、さらに傍らに飾ったフラワーベースの色もコーディネート。全体に統一感が生まれています。(Mette Ditmer)

Rule/16

小家具と壁装飾を
組み合わせる

壁にお気に入りのアートを飾ってもなんだか決まらない……。それは飾るものに対して壁が広すぎるせいかもしれません。そんなときに効果的なのが、椅子やサイドボード、ベンチなどの小さな家具を壁の前に置くこと。やや所在なさげだった壁の装飾がしっくりと収まり、空間に奥行きも生まれます。基本的にどの種類の家具を選んでもいいのですが、コーナーに飾るときは椅子がおすすめ。一休みしたくなるような、絵になるスペースに変わります。

Point
家具の張り地をベースに
ほかのアイテムの色を選ぶ

小ぶりなチェアとオブジェで
印象的なコーナーの完成

————

こちらもアートの手前にチェアをレイアウトした例。コンパクトな空間でもまとまるよう、小ぶりなチェアを選びました。アートのフレームとチェアの素材をリンクさせることで一体感が生まれ、アートを際立たせる効果もあります。チェアの上や足元にさりげなくオブジェを飾ると、美術館のように印象的なコーナーに。オブジェはチェアの上に直接置くより重ねた本を間に挟むと、まとまった印象がつくれます。(The Poster Club Photo by Sofie Staunsager, Styling by Charlotte Daugbjerg)

Point
チェアとフレームの
素材をリンクさせる

Point
下に置く家具は
アートより幅広サイズに

幅が広いベンチを合わせると
安定感のある印象

————

ベンチも、ウォールデコレーションと組み合わせて印象的なコーナーを手軽につくれるアイテム。何かを飾るにも、ちょっと腰掛けるにも便利です。ここではアートや床のナチュラルな雰囲気に合わせて、味わいのあるヴィンテージのベンチを選択。アートのサイズとのバランスもポイントです。基本は上に飾るものより下に置く家具の幅が広いほうが安定感が出るので、横長のアートには幅広のベンチが好相性です。(Desenio)

玄関のディスプレイには
コンソールテーブルが役立つ

————

コンパクトな空間である玄関のディスプレイにおすすめなのが、奥行きが浅いコンソールテーブル（飾り棚）。壁際に一つ置くだけで空間に求心力が生まれ、手軽にデコレーションを楽しめるコーナーになります。写真のコンソールテーブルは脚が華奢なデザインで、小さな空間に置いても圧迫感がないのがポイント。壁にはテイストや色が調和するアートを、テーブル上にはオリエンタルな陶器を合わせています。（[b] 撮影：小林久井）

Point
上に飾るものやアートと
テイストや色を合わせる

Rule / 16

小家具と壁装飾を
組み合わせる

Point
アートと花、家具の
中心ラインをそろえる

住まいの顔になるコーナーは
中心線をそろえて整った印象に

————

玄関の扉を開けた正面に見える場所をディスプレイスペースに。視覚的にゲストの印象に残るコーナーです。書のアートと組み合わせたのは、小ぶりな古い和筆筒。花を生けて高さを出したフラワーベースを上に飾り、アートとのつなぎ役にしています。下に古道具のまな板を敷くことで、花の「場」をつくりました。アートとフラワーベース、和筆筒の中心ラインをそろえることで、ほどよい緊張感が生まれています。（[b] 撮影：小林久井）

クラフトを取り入れて
インテリアに個性を出す

───────

モダンなワークスペースにあえてプリミ
ティブなアフリカの仮面を合わせたミック
ススタイル。意外性が目を引くインテリ
アです。仮面は小ぶりなものを選んで、
主張しすぎないように。照明はシャープ
なものを選んで仮面とのコントラストを
強調しています。全体の色数を減らして
異なるテイストを調和させ、モダンな空
間の中にクラフトのぬくもりをうまく取
り入れています。(einrichten-design.de)

Point
仮面が馴染むように
同色のデスクをチョイス

クラフトを
ミックスする

Rule

17

ここしばらく、インテリアの世界では民芸品や手工
芸品が人気です。人の手でつくられ一つとして同じ
ものがないクラフトアイテムは、画一的な工業製品
に囲まれた暮らしに温かみや個性をもたらしてくれ
ます。注意したいのは、クラフトアイテムだけで空
間をまとめようとしないことです。日本の住宅環境
の中で浮いて見えてしまうし、土っぽくなりすぎて
あか抜けない印象に。モダンな家具やアイテムとミ
ックスして、互いの魅力を引き立てるようにします。

Point
モダンとクラフトを
つなぐ中間色をチョイス

Point
複数を組み合わせて
空間の主役となる壁面に

白を基調とした空間に
クラフトで彩りを添える

―――――

メタリックな脚のダイニングテーブルとチェ
ア、白のバーチカルブラインドというモダンな
インテリアに、クラフトを散りばめた空間。テ
ーブルの下にはアフガニスタンの手織りのキリ
ム。キリムは空間に馴染みやすい人気のアイテ
ムで、特にベージュ系のものは主張しすぎず、
現代のインテリアともしっくりと調和してくれ
ます。自然素材の小物やドライフラワーでバラ
ンスを取っています。(ラウンドロビン)

素朴なクラフトは
ナチュラルテイストと好相性

―――――

ライトグレーのソファを置いたナチュラルな部屋の壁
に、モロッコのクラフトのアニマルトロフィーをデコ
レーション。立体的なトロフィーは壁に奥行きを与え
てくれる便利なアイテム。素朴なアニマルトロフィー
はリアルになりすぎず、複数そろえてもくどくならな
いデザインが特徴です。クラフトの割合が多いときは、
内装材や家具に多用される色のものを選ぶとちぐはぐ
にならずに馴染みます。(Bohemia Design Limited)

メタリックを効かせる

現在のインテリアはミックススタイルが主流。「モダン×クラシック」など、異なるテイストを混ぜると今風に映ります。そんなミックススタイルに使えるのがゴールド色のメタル、カッパー（銅）、ピューター（錫を主成分とした合金）、クロームなど金属系の質感です。普段のインテリアにプラスすると目新しく洗練された雰囲気に。広い面積で使うのは存在感が出すぎてしまうので、照明や小物、家具の脚などあくまで少量を効かせるのがポイントです。

Point
ゴールドカラーは
モノトーンとの相性が良好

金色は使い方がカギ
少量を効かせるのが今風

———

フラワーベースをグループで飾った中に、ゴールドカラーの小物入れをさりげなく組み合わせています。ダークカラーの壁の中でゴールドの華やかな光沢がひときわ輝き、また植物との組み合わせも新鮮なコントラストを描く印象的なスペースになりました。陶器やガラス、シェルフのウッドなどと合わせることで素材のミックススタイルという面白さも生まれています。（Rosendahl）

Point
目を引きやすい位置なら
ワンポイントで十分

アクセントで入れたカッパーが
インテリアを引き締める

————

インダストリアル風味のインテリアに合わせたのは、
カッパー（銅）カラーのペンダントライト。空間のア
クセントになり、全体のリラックス感をほどよく引き
締めています。温かみのあるカッパーカラーはゴール
ドほどエッジの効いた印象にならないので、取り入れ
やすいのが魅力。ただしあまり多くを取り入れると嫌
みに見えるので、気持ち少なめに使うのがポイントで
す。（アルミブラインド ベネアル25／トーソー）

Point
土や木など対照的な
素材で引き立たせる

取り入れやすいシルバーは
素材のコントラストで魅せる

————

「ゴールドカラーを使う勇気がない」という人は、ま
ずはステンレスなどのシルバーカラーから始めてみ
て。住まいの中のドアハンドルや水栓金具にも使われ
ているので取り入れやすいはずです。あえて土や木と
いった自然素材のアイテムを組み合わせると、メタリ
ックな質感がよりいっそう際立ちます。ここではシル
バーカラーのキャンドルホルダーに、マットな質感の
陶器のフラワーベースを合わせました。（Rosendahl）

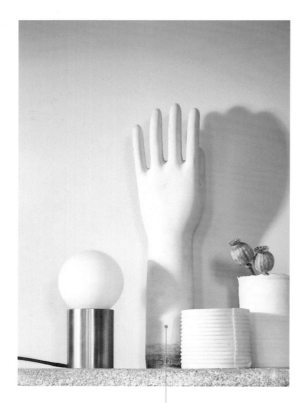

白のコーディネートに
ゴールドを効かせる

———

合わせる色によって印象が変わるのがメタリックカラーの魅力です。左の写真はRule5で紹介した「色をそろえる」にならい、白一色で統一したデコレーションにゴールドカラーのランプを一点だけ加えたスタイリング。華やかな印象のゴールドカラーも、つや消しのサテン仕上げなら光沢が強すぎず取り入れやすいはず。ホワイトのマットな質感に調和したシックな雰囲気が素敵です。(MENU)

Point
メタリックカラーには
マットな質感が好相性

Point
ウォールシェルフにも
ゴールドでつながりを

ベージュになじみやすい
ゴールドを照明でプラス

メタリックカラーを取り入れる簡単な方法が照明に使うことです。目線の高さなので印象に残りやすく、またデザインが豊富なのでテイストをそろえやすいという利点があります。ゴールドカラーはベージュトーンのインテリアと合いやすく、シルバーカラーはグレー系のインテリアと好相性。どちらにも合うのが白のインテリアです。上の事例はベージュ＆ゴールドをベースにブラックで空間を引き締めています。（MENU）

掛ける、吊るす、置く
ガーランドタイプは自由自在
————

紐状のガーランドタイプの照明は壁にラインを描いた
り天井から吊るしたり、棚の上にラフに置いてほかの
アイテムと組み合わせたりと、レイアウトの自由度の
高さが魅力。好きなフォルムに変えて使うこともでき
ます。シンプルなタイプだけでなく写真のような枝を
模したアイテムなど、照明自体の存在感を楽しめるも
のもおすすめです。(LEDイルミネーション ガーラン
ド アイビー／オルネ ド フォイユ　撮影：白浜哲)

Point
個性的なデザインだから
組み合わせる小物も吟味

照明を活用する

Rule 19

インテリアのグレードアップに大きな役割を果たす
照明は、積極的に活用したいところ。特に注目した
いのが気軽に取り入れやすい小さな照明です。作業
用に照らすためだけではなく、ニュアンスを加える
ためのツールとして捉え、空間のあちこちを飾って
みましょう。壁や部屋のコーナーを照らして奥行き
を出したり、オブジェやアートを照らして際立たせ
たり。また、美しいデザインの照明はそれ自体をオ
ブジェとして部屋をセンスよく演出できます。

ランプの柔らかな光が
植物の違う表情を見せる

———

窓辺にグループで置いた観葉植物の中に置き型ランプをレイアウト。ランプがつくる陰影が自然光とは違う魅力的なグリーンの表情を見せ、夜も幻想的な空間をつくってくれます。写真のランプは、サテン仕上げのガラスシェード越しに柔らかな光が広がるタイプ。有機的な植物と合わせても違和感なく馴染みます。キャンドルに比べて、置いたままでも安全性が高いところもメリットです。（LUCCA／&Tradition）

Point
グリーンに馴染む
柔らかな光をチョイス

Point
空間を演出しながら
間接照明としての役割も

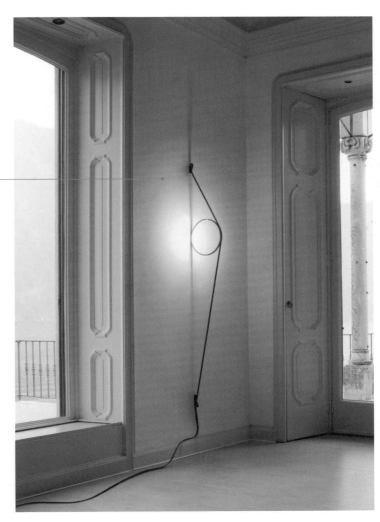

壁に光を当てて生まれる
美しいニュアンス

———

フラットな壁にも表情を生み、ムードをつくり出す照明の力。壁面に光を当てて反射させると、間接照明としても機能します。特に壁付けタイプの照明は、なにげない空間にもニュアンスを生み出してくれるのでおすすめ。写真は、まさに壁を光で照らし出してニュアンスを生み出した事例。照明本体のデザインも美しく、オブジェとしても楽しめます。（Wirering Gray／日本フロス　撮影：Santi Caleca）

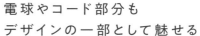

Point
カラフルなコードを
飾りとして生かす

Rule / **19**
照明を活用する

電球やコード部分も
デザインの一部として魅せる

———

ややインダストリアルな雰囲気を演出したいときは、
電球を見せるデザインの照明をチョイス。写真のよう
なエジソンタイプ以外にもさまざまなタイプの電球が
販売されているので、気分に合わせて付け替えるのも
おすすめです。隠しがちなコード部分も、写真のよう
にカラフルなものや個性的なデザインのものを選べ
ば、デコレーションの一部として活用できます。
（LineMe／リンインクープ）

Point
光が広がるデザインで
美しい陰影が生まれる

場所を選ばないポータブル照明
棚のディスプレイも楽しく

———

最近増えている充電式のポータブルLED照明。コンセ
ント不要で置き場所を選ばないため、棚の中や部屋の
中央のテーブルにも気兼ねなく置いて楽しめます。暗
くなりがちな棚の中も、照明を置くことで奥行きが増
し、周囲にも陰影が生まれるので印象が一変。棚に置
く場合は、一方向を照らすものより写真のように全方
向に光を拡散する照明がおすすめです。（パンテラ ポ
ータブル／ルイスポールセンジャパン）

好きなものだけを
ピンポイントで照らす

空間を広く照らすのではなく、アートやオブジェのみにスポットライトのような光を当てるのも楽しい演出方法。対象物はもちろん、照明本体にも好きなデザインのものを選べば、印象的なコーナーが生まれます。写真のようにペンダントライトで上から照らすほか、置き型のテーブルランプで横から照らす方法も。アートの照明焼け防止や安全性に配慮して、光源はLED照明を選びましょう。（©Artek）

Point
対象を美しく照らす
光と距離感を工夫する

高い場所を飾る

一般的にアートなどは目線の高さを中心に飾るとよいといわれています。日本人の平均身長を考慮すると床から140〜150cmの高さが目安です。これを頭に入れたうえで挑戦したいのが、やや高い場所を飾ること。目線が上がり、空間に広がりが生まれます。このとき、高い場所にポツンとアイテムを置くのではなく、低い位置から視線を誘導するように複数のアイテムを組み合わせて飾るようにしましょう。唐突感がなくなり、インテリアにまとまりが出ます。

Point
連なるアートで
視線を上へと誘導する

天井の高さを生かした
アートの飾り方

特に天井に高さのある空間では、それを生かしたディスプレイでより広がりを生むことができます。写真では、フォーカルポイントとして奥の真っ白な壁一面にアートをいくつもディスプレイ。壁際に置いたコンソール、その上のフラワーベースに生けた花を起点に、さらに天井に向かってイエローやブラックなどの目を引くアートを複数組み合わせて視線を上へ上へと誘導しています。(HKliving)

Point
長く伸びた枝で
視線を上へ誘導

小さな壁付けシェルフで
視線を上へと誘導

壁付けのシェルフは天井の高さや場面に応じて
高さを調整できて便利。ここでは目線よりやや
高めの位置に取り付けて、自然と視線が上に向
くよう促しています。こうしたシンプルなシェ
ルフはポツンと一点だけ設置するより、その下
の空いた余白にベンチや小さな家具などを置く
と、全体のバランスが取りやすいでしょう。長
さのある枝物の植物も視線を上へと誘導する役
割を果たしています（Kristina Dam Studio）

Point
ハンギングプランツで
天井の高さを強調

狭い場所にも最適な
吊るすインテリア

天井からアイテムを吊るせるハンギングバー
は、視線を上げる仕掛けとして有効なアイテ
ム。プランターなどをいくつも掛けてバー自体
をデコレーションの一部として見せることもで
きます。ものを吊ることで縦方向のラインが強
調され、より天井が高く感じられる効果も。こ
うした吊るすインテリアは、置く場所が限られ
ている場合でもあまり制約を受けないのでおす
すめです。（ハンギングバー H-1／トーソー）

いくつものアートを
横一列に並べる

複数のアートを壁に飾る際は、写真のように中心線を
基準にして横方向に広げていく方法が簡単で初心者に
もおすすめです。大きなアートはちょうど中央が中心
線にくるように、小さなアートは中心を境に上下に配
置するのがポイント。中心線を意識した配列は安定感
があり、見た目にもすっきりした印象。右端の時計な
ど別のアイテムを混ぜて変化をつけても素敵です。
（イデー　スタイリング：作原文子　撮影：馬場晶子）

Point
時計もアートと
ラインをそろえて配置

ラインを意識する

Rule
21

ディスプレイの基本はライン＝軸を意識すること。
たとえば複数のアートを壁に飾るとき、1本のライ
ンに沿って配置すると安定感が出て美しくまとまり
ます。軸から少しずらすとこなれ感やリズムを出せ
ますが、その場合もやはりラインを意識するのが重
要です。もちろんアート以外のアイテムにもこの手
法は有効。本棚やシェルフを飾るとき、ウォールデ
コレーションと床置きの家具を組み合わせるときな
ど、さまざまな場所でラインを意識しましょう。

サイズの違う複数のアートで
壁面全体をデコレーション

———

こちらは壁いっぱいに大小サイズの違うアートやオブジェをディスプレイした例。縦のラインを意識して、それぞれのまとまりごとに、右または左のラインをそろえるように配置しています。一方で奥の壁に飾った上下のアートは、中心をそろえて配置。このように難易度が高そうに思える異なるサイズのデコレーションも、ラインを意識することでまとまりやすく、壁面全体をリズミカルに飾ることができます。(ferm LIVING)

Point
注目するのは
左右の縦ライン

Point
上下のラインや間隔を
あえて少しずらして

ラインを意識した
アシンメトリーな配置

———

アートを飾る際、必ずしもラインをぴったりそろえる必要はありません。写真のように下辺を意識しつつ、左のアートを下、中央のアートを上に少しだけずらした「アシンメトリー」な配置でこなれ感が生まれます。アート同士の間隔も動きをつけるのもポイントの一つ。西洋では王道とされるシンメトリーな配置より、こうしたアシンメトリーな配置のほうが日本人の感覚にも馴染みやすいでしょう。(イデー)

Point
余白をつくって
ジグザグに飾る

アイテムを美しく見せる
シェルフ内のディスプレイ

———

シェルフ内のディスプレイもラインを意識することで
美しく仕上がります。ここでは縦方向のラインを基準
に左右ジグザグになるよう本の固まりを配置し、一番
上に2つのアイテムを並べてラインを強調していま
す。各段に余白を残すことでジグザグラインがより強
調され、こなれた印象に。インテリアデコレーション
では、アイテムを引き立てるこうした余白の存在が重
要です。(String Furniture)

Point
飾るモノは最小限に
シンプルにまとめる

掛け軸をイメージして
端正に仕上げる

———

もっともシンプルで簡単なのが、写真のような上下に
アイテムを並べたディスプレイ。壁に飾ったアートと
その下に置いた植物はそれぞれセンターラインをそろ
えるだけで、きちんとした印象に。こうした最小限の
ディスプレイは、和室の「掛け軸」をイメージして場
をつくることがポイント。あまりものを増やしすぎず
シンプルにまとめるほうが個々の存在が際立ち、凛と
した雰囲気を演出できます。([a] 撮影：永易量行)

Rule / 21
ラインを意識する

縦ラインを意識した
本棚のレイアウト

———

空間の主役になる壁面いっぱいの本棚やシェル
フ。こうした存在感のある大きな家具は、本だ
けでなくオブジェ、雑貨などをミックスして躍
動感のあるインテリアをかなえることができま
す。ポイントはやはり中心線を意識して配置す
ること。ラインをきっちりそろえるというよ
り、左右にややずらして置いてみて。上段中央
の幅広の棚には4つのかたまりを等間隔に置い
て整った印象を強調。（フリッツ・ハンセン）

Point
オブジェや雑貨を混ぜて
ややアシンメトリーに

ウォールランプに
＋αのデコレーション

立体物として取り入れやすいのが壁付けするウォールランプです。写真は角度を変えられるアーム部分に、掛けるデコレーションも楽しめるタイプ。スワッグを吊るして立体感を楽しんでいます。ただし吊るすものの重さには注意を。左手にはワイヤーアート。光の当たり方で影の移ろいも楽しめます。ウォールランプの手前に電球を吊るし、奥行きをより強調しています。（[c] 撮影：米谷享)

Point
アームに掛けるものは
気分に合わせてセレクト

立体物を壁に飾る

Rule

22

きちんとフレームに収めたアートはウォールデコレーションの定番アイテム。アートはもちろん素敵ですが、もう少し動きや変化がほしいなら、立体的なアイテムを飾ってみましょう。空間に奥行きや躍動感が生まれます。アートだとやや身構えてしまう人でも、身のまわりのちょっとしたものなら気軽に飾れるはず。壁付け照明やオーナメントのほか、皿やカゴなどの実用品を掛けてみても。機能と装飾を兼ねたフックもユニークなインテリアになります。

好みの皿を選んで
アート感覚でディスプレイ

普段はテーブルで見下ろしている皿も、目線の高さの壁に掛けるとアート感覚で楽しめます。絵や模様入りのもの、素材感がユニークなものと種類も豊富で、気軽に掛け替えられるのも魅力。壁にポツンと1枚では浮いてしまうので、複数をランダムに並べたり、写真のように家具と合わせたりするのがおすすめ。飾る際は、ホームセンターなどで手に入るプレートハンガーを使うと安心です。(Bloomingville)

Point
正方形のフレームに
縦形で動きをプラス

Point
皿と組み合わせた家具の中に
同じ色を「数珠つなぎ」

アート＋立体オーナメント
素材感を統一したコーナーに

壁にアート1枚だけでは寂しいと感じたら、立体的なオーナメントを組み合わせるのもいいアイデアです。写真では、正方形のアートに対して縦方向に吊り下がるオーナメントを組み合わせ、動きを出しています。形は違いますが、アンティーク調の自然素材で統一しているのでまとまりがあります。手前には質感を合わせたクッションや折り畳みチェアを組み合わせて、空間に馴染ませました。(Creative Collection)

Point
アイテムが多いときは
色系統を統一

アニマルモチーフを取り入れて
立体的に飾るキッズルーム

子どもが大好きなぬいぐるみを壁に飾って、ワクワク
するキッズルームをつくりましょう。ポスターやタペ
ストリーと一緒に飾ったのは、ぬいぐるみのような羊
のアニマルトロフィー。軽量で壁に掛けやすく、柔ら
かいので子どもが頭をぶつけても安心です。ものが多
くてごちゃつきがちな子ども部屋は、色系統をそろえ
れば統一感を出しやすくなります。ここでは青と白で
さわやかにまとめています。（Bloomingville MINI）

Point
ランダムに高さを変えて
リズムのある壁面に

壁掛けのフラワーベースで
目線の高さに植物を飾る

ハンギングタイプのフラワーベースを複数並べ
てディスプレイ。ガラス製なので植物のフォル
ムを楽しめるうえ、光を受けたときに壁に落ち
る影もきれいです。普段はテーブルや棚の上に
ある花が視線の高さにきて、新鮮な印象。飾る
植物を変えると壁の印象も変わり、飽きること
なく楽しめます。写真のように白い壁ならどん
な植物も似合います。（ウォールベース KLING
／オルネド フォイユ　撮影：白浜哲）

アート感覚でフックを並べて
使わないときも楽しめる壁に

———

コートやバッグを掛けるフックをあえてランダムに配
置して、アートのように壁面を彩ったコーナー。一般
的なフックは小ぶりでシンプルなものが多いですが、
大きなサイズやカラフルなものを選ぶと、実用品なが
らデコレーションに。使っていないときもオブジェと
して楽しませてくれます。右上のお面のような壁掛け
オブジェもポイント。フックと同じ形でなにげなく紛
れ込ませ、ユーモラスな壁面に。(Muuto)

Rule / 22

立体物を壁に飾る

Point
素材感が近いシェルフを
違う高さで組み合わせる

ウォールシェルフを使って
立体的なオブジェを壁に飾る

———

壁に直接掛けられない立体的なオブジェや食器も、ウ
ォールシェルフを使えば簡単に飾れます。最近は手軽
に設置できる棚も増えているのでおすすめの方法。一
つだけよりも、写真のように高さを変えながら複数を
取り付けると動きが出て、楽しいコーナーになりま
す。また、浅めのカゴも皿感覚で壁に飾るのにぴった
り。特にアフリカのクラフト製品は色柄が豊富で、複
数並べても楽しめます。(Creative Collection)

Point

窓に向かって
広がるようにレイアウト

複数のアートを飾るなら
余白とリズムをつくる

一つの壁面に複数のアートを並べてディスプレイ。規則的に並べず左下に広く余白をとり、左上もやや空けることで、アート一つひとつの存在感を際立たせています。左端のアートを起点に、窓に向かって放射状に広がるように並べた配置もポイント。躍動感が生まれ、広がりを感じさせます。一面の壁を飾ったらもう一面は何も飾らないなど、一つの空間の中でメリハリをつけるのもポイントです。(ferm LIVING)

Rule / 23

余白をつくる

好きなものをあれもこれもと飾っていると、気がつけば空間がぎっしりなんてことありませんか？ それではせっかくのお気に入りも埋もれてしまいます。同じ種類を壁全面に並べるなど一部の例外を除き、デコレーションで大切なのは何もない余白のスペースをつくること。抜け感が生まれ、飾るものがより際立って見えてきます。壁、棚の上や本棚の中など、さまざまな場所で余白を意識して。大体3割程度の余白があるとバランスがいいといわれています。

本棚にも余白をつくって
ディスプレイの場に

身近な存在の本棚も、中身をぎっしり詰め込まず適度に余白をつくることで、こなれた印象のディスプレイスペースになります。ところどころにオブジェや照明を置いたり、本を横置きにしてスペースをつくって。棚の背板が見えることで抜け感が生まれ、メリハリが生まれます。特にオブジェを置くときは、周囲をすっきり空けるときれいに見えます。大判の本は下の段に。視覚的にも重心が安定します。(MENU)

Point

グループで固めて
間の余白を大きく取る

飾り棚も余白をつくりながら
高低差や三角形で飾る

飾り棚にアイテムを並べる際も余白が肝心。とはいえ散漫な印象にならないよう、複数のまとまりをつくったり、片側を大胆に空けたりとメリハリをつけましょう。ヒントはRule1「三角形で飾る」やRule2「高低差や前後差をつけて飾る」。写真の例は、上段は中央のミニほうきを頂点とした三角形を構成し、右側に余白を残しています。下段は高さの異なる2つのグループに分けてリズムをつくりました。(Pythagoras shelf／MAZE　photo by Karl Andersson, styling by Ann-Charlotte Ridderstolpe)

Rule / 24

実用品を飾る

空間を彩るのはアートやグリーンなどデコレーション用のアイテムだけとは限りません。普段の生活で使うような道具もオブジェとして飾ることができます。かつて道具として使われていたものを飾ってもいいし、現役で使用しているキッチンツールや趣味の道具、消耗品だってオブジェになり得ます。それこそが自分らしさの演出や生きた空間づくりに役立つはず。実用品は立体的なものが多いので、空間に奥行きを出してこなれ感も生んでくれます。

Point
機能と飾りを両立する
ゴミ袋入れのバスケット

キッチン用品を吊るせる
ハンガーやフックを活用

キッチンにハンガーやフックを取り付ければ、小さなスペースを生かした機能的なディスプレイが実現できます。ここではハンガーを壁付けし、さらにレンジフードにS字フックを掛けて、エコバックやエプロン、ふきんなどをまとめて収納。特にリビングルームとつながったオープンキッチンでは、掛けるものの高さをそろえたり、デザインのよいものを選ぶなどインテリアの邪魔にならない工夫も大切です。(撮影：小林久井)

キッチンツール＋αで
便利で楽しいディスプレイ

たくさんの道具を使うキッチンでは、それらを使って
空間を彩ってみましょう。写真ではアンティークのカ
ッティングボードを中心に、カトラリー類を収めた壁
付け棚、アフリカのザル、日本の円形鍋敷きなど多国
籍感あふれるアイテムで構成。色やテイストをそろえ
ることで、雑多な印象にならず一体感が出せます。左
側のミラー、アートなどがキッチン対面につながるリ
ビングスペースとのつなぎ役に。([c] 撮影：米谷享)

素敵なキャニスターに
細かな日用品を収納

――――――

石けんや綿棒、海綿スポンジなど、洗面まわりに必要なさまざまな日用品をシンプルなガラスのキャニスターに入れて、おしゃれに飾りながら収納しています。収納するものに合わせてサイズを変えていますが、同じデザインで統一しているのもすっきりと見せるポイント。このように収める入れ物のデザインにこだわりながら、種類ごとにまとめることで、生活の場も美しく彩ることができます。(Mette Ditmer)

Point
長く使われてきた道具で
空間に深みをプラス

Point
種類ごとにまとめて
シンプルにすっきりと

Rule / 24

――――――

実用品を飾る

薪ストーブを中心にした
温かみのあるディスプレイ

――――――

揺らめく炎を眺められる薪ストーブは、それ自体がインテリアの中で目を引くフォーカルポイントに。味わいのある美しい道具類と一緒に飾ることで、その魅力が引き立って見えてきます。ここではしょうゆ樽をかき混ぜるために使われていた年代物の櫂(かい)を一緒にディスプレイ。ストーブの上には普段使い用の鍋や急須、鉄瓶などを置いて、料理を温めたりお湯を沸かせる実用兼デコレーションに。([c] 撮影:米谷亨)

大きな道具は吊るして
収納兼飾りにする

収納スペースや干し場所に困るアウトドア用のシュラフを、そのまま天井から吊るしてインパクトのある収納兼デコレーションにした例。その際単体で飾るのではなく、ドライフラワーを一緒に吊るすなど、インテリアに溶け込ませる〝緩衝材〟の存在も重要です。四角くつなげたフレームのような照明用のダクトレールも、中のシュラフやドライフラワーの存在を強調し、魅力的に見せています。([c] 撮影：米谷享)

Point
ドライフラワーや照明も
飾ってオブジェ感を強調

Point
工具類をあえて見せて
ラフな雰囲気に

趣味人のための
隠れ家的な場所づくり

バイクとDIY、ファッションが趣味の人のガレージ。DIY用の工具は壁付け棚やバーを使って飾りながら収納しています。どこに何があるか一目瞭然なのでさっと取り出せるし、なにより愛用品がずらりと並ぶことで自分だけの特別な場所に仕上がります。吊るしたランタンやスケールは実用品ではないものの、カジュアルなインテリアを盛り上げるデコレーションの一部として機能。(ハンギングバー H-1／トーソー)

コレクションを飾る

好きで集めているものをデコレーションする。それは実用品と同様、空間に自分だけの個性を与えてくれます。たとえば器やファブリック、キャンドルや楽器、フラワーベース、ポストカードなど。一つひとつは目立たなくても、グループ化して飾ることでひときわ目を引くインテリアになります。飾るときは、これまで紹介したルール——たとえば同じ色ごとにまとめる、高低差をつけるなど——を適用すれば、自慢のコレクションがもっと輝いて見えます。

オープンキッチンを彩る
お気に入りの器たち

食事の時間を豊かにしてくれるさまざまな器たち。写真のようにコレクションをキッチンのオープンシェルフに飾りながら収納すれば、膨大な量もすっきりと片付きます。その際、同じ形や色、質感ごとにグループ化すれば整った印象に。特にお気に入りの絵皿はオブジェのように立てて見せることで、ちょっとしたアクセントになります。([c] 撮影：米谷享)

Point
絵柄が素敵な皿を
立てて飾ってポイントに

Point
同じ大きさにたたんで
色柄のレイヤーを見せる

色柄の異なるラグも
重ねればデコレーションに

———

1枚あるだけで空間の印象を変えてくれるラグ。そう
したラグのコレクションもしまい込まずにオブジェの
ように飾ってみては。異なる色柄や質感のレイヤーで、
彩りを添えることができます。ポイントは同じ大きさ
になるようたたんで重ねること。整った印象になり、
一つのデコレーションとして見せられます。ラグを置
くイスやスツールなどの家具はテイストを合わせて統
一感を出すようにしましょう。(Creative Collection)

Point
テーマを絞って
世界観を明確にする

ハンガーバーに楽器を
吊ってディスプレイ

———

音楽好きが高じての楽器のコレクションを部屋のコー
ナーにディスプレイした例。壁付けしたバーに高低差
をつけながら楽器をいくつも吊るすことで、リズムを
生み出しています。さらに「音楽」をテーマにしたス
ペースにするため、鍵盤を描いたポスターを一緒にデ
ィスプレイ。鍵盤を彷彿とさせる床の白黒の市松模様
に合わせてポスターやストールもモノクロで統一。
(ハンギングバー H-1／トーソー)

階段状の棚を取り付けて
空間にリズムを与える

細々としたもので散らかりがちなキッズルームこそ規則性のあるインテリアが有効です。写真は壁付けの棚を階段状にリズミカルに配置することで、規則性がありつつ楽しげな壁面をつくった事例。多彩な色や、仕切りや引き出しのデザインが異なる棚を組み合わせて、かっちりしすぎないランダム感も演出。片付けもできて見た目も素敵な子ども部屋の完成です。(Montana Furniture)

Point
棚のデザインを変えて
おしゃれで実用的に使う

規則性をもたせる

日本ではアシンメトリーな配置や不規則性が好まれますが、そんなランダムな中にもどこかに規則性をもたせると、目に留まる印象的なデコレーションがつくれます。同じパターンを繰り返したり、同じ小物を色違いで等間隔に並べたり、階段状などの図形を描くように配置したりといったイメージです。同じ種類のものをたくさん飾りたいときや、ものが多く散らかりがちな空間、たとえば子ども部屋などでより効果が感じられるはずです。

Rule

26

Point
フレームのデザインを
シンプルにまとめる

アートを規則的に飾り付け
印象的な風景をつくる

同じ大きさや同一シリーズのアートをマス目状に規則
正しく並べた空間デコレーション。デザインが近いも
のを中央の縦一列と対角線上に配置して、規則性があ
りながら動きのある壁面をつくっています。すべての
アートを絵にすると過剰な印象になるところを、中央
のみワードアートにして抜け感をもたせて。壁面や家
具に使われているニュアンスカラーと似たような色使
いのアートを選んでいる点も注目です。(Desenio)

Point
交互にディスプレイして
整然かつリズミカルに

小さなスペースを
印象的に魅せるアイデア

2種類の小物を交互に並べて、空間にリズムを生み出
すデコレーションのアイデア。デザインが異なるキャ
ンドルホルダーを、向きを変えながら交互に並べてい
ます。棚の一つだけでもこうした魅せるディスプレイ
にすることで、インテリアの印象が一変。窓の形にく
り抜かれた穴から漏れ出た柔らかな光が上下左右の棚
板に美しく反射し、全体で一つの照明のように温かみ
のある明かりを放ちます。(Kähler)

Point
シンプルなインテリアに
色でアクセントをプラス

インテリアの主役になる
大判ブランケット

色柄が素敵な大判のブランケットを壁に
掛けて、インテリアの主役にしたベッド
ルーム。寝室らしくグレーでシンプルに
まとめた部屋の彩りになっています。落
ち着いた色を選べばうるさすぎず、ほど
よいアクセントに。大判なら存在感があ
り、凹凸のある生地の表情も空間にメリ
ハリをもたらします。布や天井の高さに
合わせて、掛ける高さをいろいろ試して
みましょう。(ferm LIVING)

大判の布を
垂直方向に飾る

数あるインテリアアイテムの中でも、色柄やサイズ
の多彩さにおいてファブリックの右に出るものはそ
う多くはありません。素材や質感もバリエーション
豊富。こうした布を壁や窓に掛けたりして垂直方向
に飾ると、目線の高さに飾ることになりアートのよ
うに部屋を彩ってくれます。ブランケットやマルチ
クロス、ラグ、ストールなど既製品を活用するほか、
好みの生地の端を縫って使ってもいいのです。季節
や気分に応じて掛け替えるのも簡単です。

Rule/
27

Point
アンティークの布は
クリップで吊るすと簡単

Point
色違いのストールを
洋服のようにコーデ

好きな布を窓に吊るして
自分らしいカーテンに

―――――

面積が大きなカーテンは、部屋の印象を決めるアイテムの一つ。カーテンとして仕立てていなくても、好きな布を気分や季節に合わせて使えば楽しみ方が広がります。　左／透過性の高いストール3色をラフにカーテンレールに掛けて。光を受けた淡い色の変化や、2色の重なり部分も美しいインテリアになります。（カーテンレール　コルーナⅡ／トーソー）　右／アンティークのテーブルクロスをカーテンに。市販のカーテンクリップでレールに吊るすだけと手軽です。質感のある家具や照明とも好相性。（[b]　撮影：田里弐裸衣）

Point
2枚のラグを
アートのように対で飾る

色柄が豊富なラグを
アート感覚でディスプレイ

———

中東の絨毯を壁に掛けて楽しむ習慣にならい、ラグを壁に掛けてみては。目線の高さに掛けると、床に敷くよりもデザインを楽しめます。重量があるものが多いので、掛ける際はフックやレールの耐荷重の確認を。　上／アートのようなラグは、ポルトガルのラグブランドGURのもの。絵柄違いでセットにすると、より印象的です。空間を明るく彩ります。（イデー）　左／風合いのあるキリムを壁掛けに。織りが複雑なラグは質感も豊かで壁の主役になります。存在感があるので、下に家具を置いてバランスを取って。（Heavenly Homes and Gardens）

Point
存在感あるキリムは
家具とセットで魅せる

Rule / 27

大判の布を
垂直方向に飾る

Point

透け感のある生地で
ほどよく仕切る

色柄入りのシアーカーテンで
間仕切り＋デコレーション

カーテン用のシアー素材のファブリックをハンギングバーに直
接掛けて、寝室と書斎スペースの間仕切り兼デコレーションと
して活用。視線や気配を通すシアー素材は、空間をほどよく区
切りながら圧迫感がなく、間仕切りにぴったりです。鮮やかな
色や柄物を選べば、シンプルな空間のアクセントにもなりま
す。閉じても開けても絵になり、風に揺れる姿は空間に変化を
もたらします。（ハンギングバー H-1／トーソー）

借景の発想をもとに
窓辺にストーリーをつくる

美しい木々の緑を望む窓辺に、小さな動物のフィギュアをいくつも並べた例。動物たちが進む先のスペースを広く取り、「森の中を進む動物たち」といったストーリーが見えてきそうです。窓際は意外と目に付きやすいデコレーションポイント。外に見える景色をヒントに、意味が分かると思わず微笑んでしまうようなユーモアあふれるデコレーションを考えてみるのも楽しいものです。（撮影：小林久井）

Point
動物たちが自然の中を
悠々と進む!!

ストーリー性を
もたせる

テイストとはまた違った観点で、ストーリーを設けて飾るものを組み立てる。遊び心を演出でき、デコレーションに深みが増します。たとえばサーフィンをする人のフィギュアがあったら、後ろに海のアートを立て掛けて、きれいな貝殻や「海へ向かうため」の車のフィギュアも一緒に飾ってみる。そんなふうに一つのアイテムから物語を連想してほかをそろえていけば、さほど難しくはありません。特に動物や人をモチーフとしたアイテムで生かせるテクニックです。

Rule
28

南国の夕暮れをテーマに
家具やカーテンもチョイス

―――――――

南の島の夕暮れをテーマにしたインテリア。夕焼けが美しい海辺やヤシの木を題材としたアートや写真が主役となって、見る人の気分を盛り上げます。椅子やクッション、プランターカバーにはラタン材を、観葉植物はテーブルヤシやココヤシを選んで南国の雰囲気を高めています。カーテンの色は夕焼けをほうふつとさせるベージュピンク。夕日のぬくもりに包まれたかのようなリラックス空間です。(Desenio)

Point
見た目も肌触りも
優しげな家具を選ぶ

オリジナルの物語で
動物たちの世界を創造する

―――――――

ストーリーがイメージしやすいクリスマスのデコレーション。写真は「冬の森に迷い込んだ羊」をテーマに、さまざまな形の木と羊のオブジェを配置。棚の上に飾られた大胆なトナカイのオブジェや棚の中の"Merry Christmas"と書かれた赤い本でさりげなくクリスマスの雰囲気を演出しています。クリスマス向けのキラキラとしたオーナメントを用いていないので、冬の間中飾っても大丈夫。(Bloomingville)

Point
棚の中でさりげなく
Merry Christmas!

Rule/29

柄を取り入れる

空間に華やかさが欲しければ、ぜひ柄物を加えてみましょう。最も手軽なアイテムがファブリックです。柄も色も多彩で迷ってしまうかもしれませんが、臆せず好きな柄を選んでみて。ちょっと失敗したと思っても、ほかの要素でバランスを取ればいいのです。手始めに小さな柄クッションから取り入れて、慣れてきたら大きな面積にもトライするつもりで。実は大きなラグも空間をまとめる力があります。コツをつかめば柄のミックスも難しくありません。

Point
柄の1色をリンクして
重ね使いするとこなれる

Point
ソファやスクリーンの
色を拾ったコーディネート

柄物は意外とカンタン
まずはクッションから

柄使いに抵抗があるという人は、まずはクッションで柄を取り入れてみましょう。クッションを3つ用意して、無地を2つに柄物を1つ組み合わせるとバランスがよくなるはず。慣れてきたら別の組み合わせや柄物を増やすことにトライしてみてください。その際は同系色にそろえたり、柄の1色をリンクさせたりすると、ちぐはぐにならずにまとまって見えます。（ロールスクリーン マイテックシーズ／トーソー）

ラグを重ね使いして
空間に華やぎと柔らかさを出す

多色使いのキリムは、実は柄物を取り入れるのにおすすめのアイテム。多色使いゆえに家具をはじめほかのアイテムといずれかの色がそろうことが多く、インテリアのまとめ役となってくれるのです。複数のキリムを重ねて敷いてもこなれ感が出て素敵。柄の1色（写真では赤）をリンクさせれば重ねるのも簡単です。柔らかな素材感が居心地のよい空間を創出します。（イデー　スタイリング：作原文子　撮影：馬場晶子）

Point
クッションの色みから
イエローとグレーを選択

ステッカーやテープは
張り替えも可能な便利グッズ

————

クッションと色を合わせ、統一感をもたせながら楽し
げに仕上げた水玉柄の壁。写真は壁紙の事例ですが、
自分でウォールステッカーをランダムに貼り、柄を描
いても素敵です。ウォールステッカーなら失敗しても
貼り直すことができるので自由に楽しめるはず。その
ほか、マスキングテープを使うなど、自分で壁にデザ
インするのも柄を取り入れる方法の一つ。気分に合わ
せて張り替えを楽しんで。(One Trick Pony Design Ltd)

Rule / 29

柄 を 取 り 入 れ る

Point
空間を落ち着かせたいなら
ディープトーンを活用

大柄と無地の配分で
空間の華やかさを調整

————

大きな柄や多色使いの柄は空間に華やぎを与え、雰囲
気を一変する力があります。でももし派手でうるさす
ぎてしまったと感じたなら、ディープトーンの同系色
無地を合わせると落ち着かせることができます。写真
のように柄と無地があらかじめセットになった海外の
ベッドリネンなどを参考にしながら、自分で柄と無地
を別々にそろえてオリジナルのコーディネートをつく
るのも素敵です。(The French Bedroom Co)

複数取り入れる場合は
同系色の大小違いを

柄使いに慣れてきたら複数の柄を取り入れてみて。う
まく合わせるコツは同系色や類似の柄を組み合わせる
こと。写真はモノトーンの柄違いを3種類組み合わせ
たコーディネート。ほかの要素を白やグレーでまとめ
ているので、柄を多く使ってもまとまって見えます。
似た柄を合わせる際は、大小のメリハリをつけると柄
同士がケンカしません。大きな柄は奥に置いて目線を
誘導すると空間に奥行きが出ます。(Mette Ditmer)

Point
広い面積には
小紋柄が使いやすい

古さと新しさを混ぜる

Rule17「クラフトをミックスする」や同18「メタリックを効かせる」でも説明したように、今のインテリアはテイストを定めずに相反する要素をミックスするのが気分。それは年代も同様です。特に歴史を感じさせる古いもの、アンティークやヴィンテージのアイテムをモダンなインテリアに一点加えるだけで、空間にぐっと深みが増すのでおすすめです。つくられた年代は別として、クラシカルとモダンなデザインのミックスも素敵。自由な感性で楽しみましょう。

Point
クラシカルな内装に
モダンなソファを合わせる

時代をミックスして
空間を豊かに演出

モールディングが施されたクラシカルな内装に、モダンでリラクシングなソファを導入したリビングルーム。メタリックなサイドテーブルや、大理石模様のコーヒーテーブルもトレンドの一つです。幾何学模様を描くウォールシェルフには、逆に歴史を感じさせる骨董品をクラフトアイテムとともにデコレーション。新旧のデザインがほどよくミックスされ、奥行きのある空間に仕上がっています。(ferm LIVING)

ビビッドカラーの棚と
骨董オブジェの対比を楽しむ

アンティークの棚にアンティークのオブジェを飾るの
も間違いではありませんが、せっかくなら思い切りモ
ダンなビビッドカラーの棚に飾ってみては。新旧の対
比、色の対比と強いコントラストで互いの魅力がさら
に引き立ちます。オブジェは石膏像や手の彫刻といっ
たヨーロッパの骨董と、ユーモラスな表情のアジアの
人形。年代だけでなく国や地域もミックスさせて、こ
なれ感を演出しましょう。(Montana Furniture)

アンティークの家具を
一つ空間にプラスして

アンティークやヴィンテージの家具は、それだけで部
屋の主役になれる存在感を放っています。大物家具は
ハードルが高くても、小さな家具なら取り入れやすく
おすすめです。写真はイギリスのアンティークテーブ
ルをデコレーション用のコンソールテーブルとして活
用した例。上に飾ったモダンな照明やアートとのコン
トラストがきれいです。植物もあえて枯れかかったも
のを生けて「退廃の美」を満喫。(撮影：小林久井)

Company / Brand List

ご協力いただいた会社／ブランド一覧

Actus	https://www.actus-interior.com/
Artek	https://webstorejapan.artek.fi/
&Tradition	https://www.andtradition.com/
イデー	https://www.idee.co.jp/
HKliving	https://hkliving.nl/
Essential Home	https://essentialhome.eu/
einrichten-design.de	https://www.einrichten-design.com/en_en/
オルネ ド フォイユ	https://www.ornedefeuilles.com/
Cooee Design	https://cooee.se/
Creative Collection	https://www.bloomingville.com/en/brands/creativecollection/
Kristina Dam Studio	https://kristinadam.dk/
Kähler	https://kahlerdesign.com/
The French Bedroom Co	https://www.frenchbedroomcompany.co.uk/
The Poster Club	https://theposterclub.com/
String Furniture	https://stringfurniture.com/
Sonya Winner Rug Studio	https://sonyawinner.com/
Desenio	https://desenio.eu/
トーソー	https://www.toso.co.jp/
日本フロス	https://www.flos.com/ja/
Nuura	https://nuura.com/
norsu interiors	https://norsu.com.au/
Bjørn Wiinblad	https://www.bjornwiinblad-denmark.com/

平田タイル	http://www.hiratatile.co.jp/
ferm LIVING	https://fermliving.com/
Farrow&Ball〈カラーワークス〉	https://www.farrow-ball.jp/
フリッツ・ハンセン	https://www.fritzhansen.com/ja/
Bloomingville	https://www.bloomingville.com/en/
HAY	https://hay-japan.com/
Heavenly Homes and Gardens	https://www.heavenlyhomesandgardens.co.uk/
Bohemia Design Limited	https://www.bohemiadesign.co.uk/
Muuto	https://www.muuto.com/
MOEBE	https://moebe.dk/
Maze	https://www.mazeinterior.se/
Mette Ditmer	https://metteditmer.com/
MENU	https://menuspace.com/
Montana Furniture	https://www.montanafurniture.com/en-en/
ラウンドロビン	https://store.roundrobin.jp/
Laskasas	https://laskasas.com/en/
リンインクープ	https://lynnbelys.com/
ルイスポールセンジャパン	https://www.louispoulsen.com/
Rosendahl	https://www.rosendahldesigngroup.com/
One Trick Pony Design Ltd	https://kokokids.com/

本書内の写真キャプションに [a] などのアルファベットを記しているものは、下記のトーソー出版の出版物に掲載した写真を抜粋して再掲載したものです。
[a] beSure　[b] La Finestra nuova　[c] クリエーターズ リラクシング ルーム

あなたの部屋はもっとおしゃれにできる

インテリアがあか抜ける
飾り方のルール **30**

2022年1月14日　初版第1刷発行

発行人　　　前川圭二

発行元　　　トーソー株式会社　　トーソー出版
　　　　　　〒104-0033
　　　　　　東京都中央区新川1-4-9
　　　　　　tel. 03-3552-1001
　　　　　　https://www.toso.co.jp/book/

企画　　　　神谷 悟　　嘉治本賢司　　藤橋佳子（トーソー株式会社）

企画・制作　株式会社デュウ
　　　　　　〒101-0051
　　　　　　東京都千代田区神田神保町2-40-7 友輪ビル2F
　　　　　　tel. 03-3221-4022

編集　　　　水谷浩明　　川下靖代（株式会社デュウ）

AD・デザイン　蓮尾真沙子（tri）

デザイン　　草薙伸行　　村田 亘（Planet Plan Design Works）

執筆協力　　石井妙子　　佐藤季代　　さとう未知子

印刷・製本　大日本印刷株式会社

© トーソー出版2022 Printed in Japan
ISBN978-4-904403-24-2 C2077